FINANCES FÉODALES

PAR

J. M. FACHAN

SOUS-CHEF DE BUREAU AU MINISTÈRE DES FINANCES

Extrait de l'ouvrage *Finances Féodales et Royales*

PARIS

FÉLIX ALCAN, ÉDITEUR

LIBRAIRIES FÉLIX ALCAN ET GUILLAUMIN RÉUNIES

108, Boulevard Saint-Germain, 108

1909

FINANCES FÉODALES

FINANCES FÉODALES

PAR

J. M. FACHAN

SOUS-CHEF DE BUREAU AU MINISTÈRE DES FINANCES

Extrait de l'ouvrage *Finances Féodales et Royales*

PARIS

FÉLIX ALCAN, ÉDITEUR

LIBRAIRIES FÉLIX ALCAN ET GUILLAUMIN RÉUNIES

108, Boulevard Saint-Germain, 108

1909

FINANCES FÉODALES

CHAPITRE PREMIER

ETUDE SOMMAIRE DU REGIME POLITIQUE DE LA FEODALITE

La féodalité fut le gouvernement de la noblesse hiérarchisée militairement, politiquement et socialement, substituant, dans ses fiefs, son pouvoir au pouvoir du roi, devenu simple seigneur féodal de ses terres, *suzerain* de ses vassaux et arrière-vassaux et non *souverain*. Nous pouvons encore définir ce régime : le gouvernement d'une aristocratie terrienne et militaire, dont le roi ne fut que le chef nominal. Nous avons dit d'abord *terrienne*. C'est, en effet, sur la possession de la terre que reposait le système féodal.

En germe dans la constitution de la propriété et dans l'organisation sociale durant les périodes gauloise et gallo-romaine, dans certaines institutions romaines et germaines, le système féodal dut son éclosion et son développement à l'affaiblissement de l'autorité royale sous les successeurs de Charlemagne, qui ne se bornèrent point à se dépouiller de leurs domaines au profit des grands du royaume, mais encore leur abandonnèrent les attributions du pouvoir, devenues dès lors autant de privilèges de la noblesse.

Parmi les plus importantes concessions de la monarchie, nous n'en signalerons que deux : l'une ayant un caractère politique, l'hérédité des offices; l'autre, un caractère financier, les immunités.

Sous les Mérovingiens et les premiers Carlovingiens, les ducs, les comtes, gouverneurs et magistrats des principales villes et de leurs territoires, n'avaient qu'une délégation temporaire, qui pouvait être renouvelée, mais restait révocable. Dans la première moitié du ix^o siècle, ils furent fréquemment investis de leurs fonctions pour la durée de leur vie et souvent le fils succédait au père ; c'était devenu la règle dans la deuxième moitié de ce même siècle ; le capitulaire de Kiersy-sur-Oise (877) l'admit comme une chose normale et équitable.

L'hérédité des offices entraîna l'hérédité des bénéfices ou domaines dont la jouissance, à défaut d'émoluments, était attachée à la fonction (1). Après l'appropriation des charges, celle de la terre qui en dépendait.

De leur côté, les ducs, les comtes, accordèrent, de bon gré ou forcés, l'investiture héréditaire de leurs offices aux vicomtes et autres agents sous leurs ordres qui administraient des territoires, les petites villes, les villages et les bourgs.

Ainsi se créèrent les premiers cadres de la féodalité.

Le régime féodal atteignit son complet développement à la faveur de l'invasion normande et des guerres intérieures, qui permirent ou firent à la noblesse une nécessité de s'organiser militairement et de justifier sa puissance par la protection dont elle couvrait le pays.

Nous ajouterons, pour la compréhension du mouvement féodal, qu'il ne fut point propre à la France seule ; on en

---

(1) Le mot *honor*, dignité, passa à ces bénéfices, à la terre devenue ainsi la propriété des officiers royaux et servira fréquemment à désigner le territoire d'une seigneurie et d'une ville, ainsi qu'on peut le constater dans de nombreux documents du moyen âge. Ignorant cette acception du mot *honor*, quelques traducteurs de chartes ou laissent entendre au lecteur qu'ils jettent leur langue aux chiens ou commettent d'amusants contre-sens.

En raison de cette origine, l'*honor* désignera même des biens possédés en toute propriété, dans la plénitude de la souveraineté, et sera opposé à la simple *possessio*.

constate l'existence non seulement dans les pays qui avaient formé l'empire de Charlemagne, mais encore dans d'autres régions : l'Angleterre, certaines parties de la Russie, etc., où les Normands allèrent s'établir, les mêmes causes ayant produit un peu partout les mêmes effets.

L'invasion des Normands, sur nos côtes, commence avec le ixe siècle. Profitant de la désagrégation de l'empire carlovingien, les barbares se rendent facilement maîtres des contrées voisines de l'Océan ; montés sur de légères embarcations, ils remontent le cours des grands fleuves et portent dans l'intérieur des terres la ruine et la mort.

Aux horreurs de l'invasion s'ajoutent celles de guerres armant les uns contre les autres le roi, les ducs, les comtes, qui se disputent le pays.

A la faveur de l'universelle anarchie, des bandes se forment et parcourent le territoire qu'elles rançonnent et pillent.

Contre les ennemis du dehors et du dedans, en l'absence de toute action royale entièrement disparue, villes, bourgs et villages s'organisent sous la direction des gouverneurs ou de leurs officiers, qui les ceignent de remparts ; ils groupent les demeures des roturiers et des serfs autour de leurs châteaux (1) : continuation ou plutôt perfectionnement du système de Constantin, adopté pour les camps.

Le château n'est pas seul à protéger les habitants des campagnes ; il y a aussi le monastère fortifié (*incastellatum*), qui généralement occupe un espace considérable entouré de murs crénelés, flanqués de tours.

Dans les villages où il n'y a pas de représentant de l'autorité ou de couvent, on élit un chef : c'est celui dont la maison est la plus spacieuse, la plus facile à défendre, qui offrira aux paysans, en cas d'attaque, un asile sûr et de puissants moyens de résistance.

Le mouvement féodal s'étend aux contrées de la France

---

(1) De *castellum*, diminutif de *castrum* ; mais on ne s'en sert pas moins du mot *castrum*, dans les chartes du moyen âge, pour désigner le château. La plupart des villes et villages qui se trouvent sur les hauteurs remontent à cette période.

qui n'ont pas à souffrir des incursions des Normands. En dehors de toute convention expresse, des liens de dépendance et de protection se forment d'une manière tacite, par la seule force de l'habitude, entre les fonctionnaires royaux ou les propriétaires fonciers, d'une part, et d'une autre, les gens qui vivent depuis longtemps sous leur pouvoir ou sous leur influence. Il arrive encore, à cette époque de désagrégation complète de toute autorité, que des populations traitent avec un guerrier, qui les prend sous sa sauvegarde et devient leur seigneur ou qu'un aventurier impose sa loi aux habitants d'une région ; l'intérêt commun de l'oppresseur et des opprimés contribue à la formation d'un État féodal.

Voilà la féodalité établie. Et par féodalité, résumons-nous, il ne faut pas seulement entendre l'aristocratie politique : les ducs, les marquis, les comtes, les vicomtes et leurs officiers, l'élément normand compris (1); l'aristocratie religieuse : les archevêques, les évêques, les abbés de monastère, mais encore l'aristocratie foncière qui, sur certains points, dirige la défense du territoire. La réunion de ces aristocraties, la foule des *seniores* à tous les degrés formera la noblesse, dont l'origine ne remonte pas au delà de cette période.

C'est, nous venons de le voir, la défense ou la conquête du pays, dont on lui a confié ou dont elle a pris la garde, qui constitue la raison d'être de la féodalité. En retour de cette protection, qu'elle accorde ou impose, la noblesse met la main sur la terre de ses protégés. La circonscription territoriale placée sous l'autorité du seigneur, ses villes, ses villages, ses bourgs, ses champs deviennent ainsi son domaine propre.

Le domaine seigneurial constitué, quelle est son organisation politique, économique et sociale ?

Le château devient le centre d'un petit État indépendant.

____

(1) Par le traité de Saint-Clair-sur-Epte (912), Charles le Simple abandonna une partie de la Neustrie, qui prit le nom de Normandie, à Rollon, à charge par ce dernier de s'opposer à de nouvelles invasions. Le chef barbare s'établit à Rouen, dépouilla les habitants de leurs propriétés, en donna une partie au clergé, pour s'assurer son appui, et une autre à ses compagnons, qui devinrent les seigneurs du pays.

Roi véritablement absolu, le seigneur assure l'œuvre de défense commune et l'entretien de la vie sociale de la collectivité. Il a pour sujets, à des degrés différents, tous les habitants de la seigneurie qui ne sont ni nobles ni clercs : les hommes des champs, petits propriétaires hier, aujourd'hui spoliés, les gens des villes qui, en dehors de la noblesse et du clergé, vivent de leurs revenus ou se livrent à des professions libérales, à certains négoces. Engagés dans les liens d'une dépendance plus ou moins étroite vis-à-vis du seigneur, ils forment la classe des hommes de pooste ou de poeste (1), comprenant les roturiers (2) et une catégorie de vilains (3).

Au-dessous des roturiers sont les serfs (4) des villes et des champs, qui forment la classe la plus nombreuse. On appelle spécialement gens de mainmorte (5) les serfs attachés à la glèbe.

---

(1) De *potestate. Homines de potestate, potestatis, non nobiles.* Du Cange.

(2) De *ruptuarii* qui vient, de *rumpere :* hommes qui travaillent à rompre la terre. Du Cange.

(3) AD. VUITRY, dans son *Régime financier de la France,* pages 104 et 105, ne parle des *vilains* que comme d'hommes libres. Mettons en garde le lecteur contre une confusion possible. Ils pouvaient l'être, comme le dit cet historien des finances du moyen âge, dans la période qui a suivi la révolution communale, les chartes et les affranchissements ; mais, aux premiers temps de la féodalité, les vilains, *villani,* n'étaient pas nécesairement libres. Villani vient de *villa,* l'ancien domaine du grand propriétaire romain, qui comprenait sa demeure particulière, les dépendances nécessaires à l'exploitation du fonds, écuries, remises, habitations des colons et des esclaves. Sous les deux premières races, la villa est la ferme, la campagne exploitée par les vilains. Citons du Cange : « *Villani proprie apud scriptores œvi inferioris dicuntur qui villœ seu glebœ adscripti sunt et vilis ac servilis habentur conditionis et ut servi in commercio erant et cum villis ac prœdiis venibant...*

« *Differunt tamen villani a servis.* Et sache bien, ke selon Diex ke tu n'as mie plenière poesté seur ton vilain. Dont se tu prens du sien fors les droites redevances ki te doit, tu les prens contre Dieu et sur le péril de t'âme et comme robierres... » Le maître n'a point sur le vilain « plenière poesté », comme sur le serf. Nous épargnous au lecteur de nombreuses citations du Du Cange, qui démontreraient que le vilenage, pouvait être, durant la féodalité, une tenure d'homme libre, *liber* ou de serf, *servus.*

(4) On voit quelle erreur, commet M. Yves Guyot quand il écrit, dans sa *Réfutation* de *La Propriété, Origine et Évolution* de Paul Lafargue, chap. III, liv. II : « Tous, vilains et serfs, descendants des colons, des lites, des esclaves conditionnés et des esclaves, *sont englobés dans ce nom* ; la roture. »

(5) Ce nom leur venait de ce qu'à leur mort on leur coupait la main droite qu'on apportait au seigneur. Voulait-on par là démon-

Maître du sol, le seigneur en concède la jouissance aux
roturiers et aux serfs ; mais, en reconnaissance de cette concession de la terre et pour l'accomplissement de sa mission
sociale, il demandera à ses sujets une collaboration assidue
au moyen de redevances corporelles et pécuniaires fixes, qui
constitueront ses ressources *ordinaires*, et d'aides, qui forme-
ront ses ressources *extraordinaires*.

Telle est la base de la convention intervenue entre le seigneur, laïque ou religieux, et les populations qui, en ces temps
de guerres et de brigandages incessants, se placent de gré
ou de force sous sa rude tutelle. A charge par le premier
de remplir quelques devoirs sociaux, le contrat féodal lui
confère des droits énormes qui dégénèreront en abus criants,
surtout dans les campagnes ignorantes et sans défense, contre la tyrannie du redouté châtelain, souvent un barbare ou
un Franc, resté, comme ses ascendants, réfractaire à l'influence de la civilisation gallo-romaine.

L'oppression féodale se fera toutefois moins sentir dans
les régions méridionales de la France que dans le Nord, où
les envahisseurs germains s'étaient répandus et établis de
préférence. Tandis que les populations septentrionales su-
biront le joug d'une dure servitude, le Midi, pays de droit
écrit, gouverné par une aristocratie en grande partie indigène, gardera plus ou moins les institutions municipales de la
période gallo-romaine. Ses villes principales : Bordeaux, Toulouse, Marseille, Nîmes, etc., etc., brillantes et prospères,
resteront plus ou moins en possession de leurs libertés, que
la féodalité n'osera pas entièrement confisquer.

En ce qui concerne la noblesse, une hiérarchie se forme
et règle les rapports des seigneurs entre eux. Là où elle
n'est pas naturellement établie par des rapports administratifs, le fort impose son autorité au faible ou le faible demande l'appui du fort pour résister aux envahisseurs ou plus
simplement pour se soustraire aux conséquences désastreu-

---

trer que seule la mort pouvait briser le lien qui liait le serf à son
maître, ou ne rapportait-on à ce dernier cette main que parce
qu'elle était devenue inutile? Les avis sont partagés.

ses de son isolement au milieu du mouvement féodal, qui englobe la France (1).

Des droits et des devoirs sont également à la base du contrat entre vassaux et suzerains.

Bénéfices du vassal : il est assuré de la protection de son suzerain envers et contre tous et reçoit, quand il ne l'a pas trouvé dans son héritage, un fief : terres, revenus représentant un bien-fonds, droits fiscaux, charges, etc.

Il ne saurait entrer dans le plan étroit de notre travail de traiter la question des fiefs. Qu'il nous suffise de constater qu'à l'origine la base fondamentale du fief fut la terre. Ce n'est que plus tard que l'inféodation s'appliqua à toute espèce de choses et de droits.

Charges du vassal : il rend foi et hommage à son suzerain, non seulement pour le fief reçu, mais encore pour tout ce qui lui appartient en propre et lui doit *fidélité, aide* et *conseil.* La fidélité est la seule chose qui soit de l'essence du fief ; la prestation de la foi ne l'est pas. Là se bornent les obligations du vassal qui, dans les premiers temps de la féodalité, n'est tenu à aucune redevance en argent, laquelle vicierait le contrat de fief et en changerait la nature (2). Ce ne sera que plus tard que les vassaux seront imposés par leurs suzerains, quand les concessions féodales de viagères deviendront héréditaires.

Le suzerain ou plutôt le seigneur dominant est généralement vassal d'un autre seigneur dominant, qui se trouve avoir ainsi le premier pour arrière-vassal et occupe lui-même une situation analogue dans la hiérarchie nobiliaire. C'est de cette manière que le dernier, le plus modeste des vassaux, le seigneur d'un simple village, qui n'a pour demeure qu'une petite maison forte, se rattache, après quelques intermé-

---

(1) Dans le Midi, le Comminges forma une seigneurie allodiale jusqu'en 1244, époque à laquelle son comte Bernard VII rendant hommage pour le dit État indépendant à Raymond VII, il devint une dépendance féodale du comté de Toulouse. (Dom Vaissette. Histoire du Languedoc. t. VI, p. 455, aux preuves, 2e édition.) Mais ce changement d'alleu en fief ne porta aucune atteinte à l'allodialité dont les terres, possédées par les habitants, avaient joui jusqu'alors et dont elles continuèrent de jouir, l'inféodation n'altérant que le caractère extérieur de la seigneurie.

(2)... *actus in aliam conventionis speciem transit et desinit esse feudum.* Ch. Dumoulin, *De feudis.*

diaires, au duc, au comte, grand feudataire du roi, au roi suzerain, mais non *souverain*, avons-nous dit, de ses grands vassaux et arrière-vassaux.

Ces rapports de dépendance, extérieurs à la seigneurie, n'entament en aucune façon le caractère d'absolue propriété que le vassal a dans son fief. L'unité gouvernementale, c'est la seigneurie. Les seigneuries sont subordonnées les unes aux autres ; mais elles restent autonomes et forment, sous la protection suprême du roi, une vaste confédération de petits Etats, indépendants quant à leur administration intérieure.

La société féodale comprenait donc trois classes de personnes : les nobles et les clercs, seuls libres, les roturiers, dont la liberté était soumise à certaines restrictions, enfin les serfs, dans un état voisin de l'esclavage.

Nous appelons l'attention du lecteur sur cette particularité que les relations de domination ou de dépendance, qui existaient entre ces classes, ne tenaient point leur nature de la qualité préétablie des personnes, comme on pourrait le croire, mais de la terre possédée ou cultivée ; la condition civile et politique de tout homme noble, roturier ou serf, dépendait du sol auquel il était attaché et divisé en tenures nobles, roturières et serviles. La terre était noble, roturière et servile, avant l'homme qui l'occupait, et tel était son pouvoir que le fief communiquait sa franchise ou sa noblesse au roturier qui le possédait et que, par contre, l'habitation d'un noble sur une tenure roturière entraînait sa déchéance. Sous Saint Louis encore, « les *gentilshommes, couchant et levant sur héritages en roture, étaient comme vilains* (1). »

Les fiefs aussi formaient une hiérarchie dans laquelle les uns étaient dominants et les autres servants. Les relations de suprématie et de subordination, qui reliaient entre eux les suzerains et les vassaux, étaient la conséquence de relations identiques entre le domaine des premiers et celui des seconds.

Politiquement et socialement, comme nous venons de le voir, en matière de charges corporelles ou pécuniaires,

---

(1) La Ferrière. *Histoire du droit*, liv. VI, ch. I, sect. 2, § 1.

comme nous le verrons plus loin, la terre imposait à l'homme sa loi.

Ainsi s'est formée, non uniformément, non immédiatement, mais diversement, sous l'action du temps et de causes différentes, la société féodale, reposant sur le principe fondamental de la protection du plus fort, accordée quand elle n'est pas imposée au plus faible. En retour, le vassal est tenu, à l'égard de son suzerain, de services nobles de fidélité, de conseil et d'aide ; le roturier et le serf doivent au seigneur des redevances en travaux, en nature ou en argent. La féodalité est dans son essence un contrat de services réciproques. Mais, seuls producteurs de richesse, les non libres, les travailleurs de la ville et des champs supportent le poids de la presque totalité des charges pécuniaires.

Politiquement, la féodalité s'organise au ix° siècle par l'hérédité, comme au x°, par l'institution du droit absolu d'aînesse (1).

Non moins peut-être que l'hérédité des offices, au point de vue politique, les immunités, au point de vue financier, contribuèrent à l'établissement de la féodalité.

Il y avait l'immunité *tacite*, résultant de la coutume ; elle portait sur le cens seul, dont elle exonérait les propriétaires d'alleux et de bénéfices, *exempts de tribut*, mais qui le payaient toutefois pour leurs terres, tributaires ou censiles, venues en leur possession. Cette immunité n'exemptait pas des autres impôts.

Il y avait, en outre, des immunités *expresses*. Les rois, favorisant par pitié ou par politique les acquisitions des ecclésiastiques, accordaient aux églises et aux couvents des lettres de *garde*, de *sauvegarde* ou de *protection*, nommées *emmunitates* dans la moyenne et basse latinité.

On peut en lire une formule dans le *Recueil des ordonnances royales*, t. I, p. 9. Elle comporte, comme tous les do-

---

(1) Rectifions une erreur de Paul Boiteau, qui dans son ouvrage : *État de la France en 1789*, 2° édition, p. 21, le fait dériver de la loi salique, laquelle excluait les femmes de la succession immobilière, alors que le droit féodal les admettait au bénéfice du droit absolu d'aînesse. Cette disposition était empruntée aux coûtumes anglo-normandes.

cuments de ce genre, l'exemption de la justice civile et de certains impôts. Dans l'énumération de ces impôts ne figure pas le cens. Aux termes des Capitulaires, les gens d'église devaient le payer, comme les séculiers, à la réserve toutefois d'une certaine quantité de terre désignée par le terme *mansus*, un manse, affranchi de toute sorte de services et de devoirs seigneuriaux (1). Le manse était une quantité de terre d'environ 4 à 5 hectares.

Au lieu de donner la formule de la lettre d'immunité précitée, nous emprunterons à J.-J. Clamageran (2) le texte plus complet d'un *précepte* de Louis le Pieux, daté de 816, rendu en faveur du couvent de Cormaric, et qui, lui, exempte du cens, contrairement à la règle.

« Nous ordonnons qu'aucun juge public, qu'aucun représentant supérieur ou inférieur de la chose publique ne pénètre dans les églises, fermes et autres possessions qui appartiennent, dans le temps actuel, justement et légalement, au monastère, quels que soient les provinces ou territoires de l'empire où elles se trouvent, ni dans celles que la piété divine voudra bien y ajouter ; que les droits de justice (*freda*), les tonlieux (*telonea*), les droits de gîte ou de pâture (*mansiones, pastus*), les *tributs* (*tributa*), conformément au précepte de Notre Seigneur et Père, ne soient pas exigés, qu'on ne prenne pas de cautions ; que les hommes, tant libres que serfs, demeurant sur les terres du couvent, ne soient soumis à aucune contrainte ; qu'aucune charge publique, qu'aucune redevance régulière ou extraordinaire ne soit imposée ; que, sous aucun prétexte, le monastère ou ses sujets ne puissent souffrir aucun trouble illégitime, ni dans le présent, ni dans l'avenir ; que personne ne soit assez téméraire pour s'attribuer le pouvoir de faire de tels actes, contrairement à notre défense. »

---

(1) *Unicuique Ecclesiæ unus mansus integer, absque ullo servitio adtribuatur, et si aliquis amplius habuerit inde Senioribus suis debitum servitium impendant :* Qu'à chaque église soit attribué un manse intact, sans aucune charge ; que le reste de la propriété acquitte le service dû aux seigneurs. *Ordonnances Royales.* T. I, p. 9.
Mansus de *manere*, résider.

(2) *Histoire de l'Impôt en France*, p. 185 et 186.

Les églises et les monastères bénéficiaient la plupart du temps d'immunités expresses, à ce point que l'exception devint la règle générale, et l'immunité le régime ordinaire des biens ecclésiastiques. Elles étaient aussi accordées, mais rarement cependant, à de simples particuliers.

L'immunité pure et simple, tacite ou expresse, ne comportant que le droit d'exemption, était peu de chose en regard de l'immunité entraînant *concession partielle ou totale d'impôts*, très fréquente. L'impôt royal, que les contribuables continuaient à verser, tombait ainsi dans la caisse des particuliers. « Les corporations religieuses et les grands propriétaires, les seigneurs laïques ou ecclésiastiques deviennent, par l'immunité, de véritables souverains locaux, percepteurs, dans leur intérêt personnel, des revenus du fisc (1) », le cens excepté, recouvré par le comte.

Par cette dernière immunité, la royauté à la perte matérielle ajoutait le sacrifice d'une délégation partielle de sa souveraineté.

Au fur et à mesure de l'absorption du pouvoir central par la noblesse, celle-ci laisse de moins en moins la part d'impôt due au roi, *pars regia*, sortir de ses domaines pour aller alimenter le Trésor royal. Cette part représente les deux tiers, les officiers royaux conservant ordinairement l'autre tiers pour leur rémunération. Une fois le régime de la féodalité organisé, les ducs, les marquis, les comtes, d'officiers du prince devenus ses feudataires, gardent en totalité les droits, dont ils n'avaient auparavant que la manutention, prenant à leur charge les dépenses de la collectivité. Les revenus publics *tombent ainsi dans le patrimoine familial, se confondent avec les revenus du domaine*, et, comme eux, *se légitiment par le droit de propriété*. Ils sont l'objet de toutes les transactions de la vie civile, se vendent, se transmettent, s'afferment, etc. Dans chaque seigneurie, une fiscalité se forme, inspirée et du système financier antérieur et des termes du contrat féodal, aggravée trop souvent par l'arbitraire d'un seigneur capricieux et tyrannique.

---

(1) **J.-J. CLAMAGERAN.** *Histoire de l'impôt en France*, p. 187.

A propos du régime fiscal appliqué sous les deux premières races, on s'est demandé :

1.º Si les Mérovingiens avaient maintenu les impositions établies par Rome sur les Gaulois vaincus ou bien s'ils les avaient laissé se perdre par inertie ou impuissance à les recouvrer ?

2º Au cas de l'affirmative, dans quelle mesure les leudes avaient été astreints à l'impôt romain ?

On a bataillé ferme pendant des siècles sur ces deux questions, qui n'offrent pas seulement un intérêt financier, mais encore politique ; la dernière, notamment, fait partie intégrante de l'histoire même du pouvoir royal sous la première race. En effet, le paiement de l'impôt direct, auquel on aurait soumis les leudes (qui, ainsi que nous l'avons dit plus haut, en étaient affranchis pour leurs alleux ou leurs bénéfices) constituait une disposition principale du projet de restauration du pouvoir impérial, conçu par quelques successeurs de Clovis, se considérant comme les héritiers des empereurs romains. Un commencement d'exécution de ce programme par la reine Brunehaut provoqua la révolte des grands d'Austrasie. La victoire de l'aristocratie franque sur la royauté, obligée de signer la Constitution de 615, fut finalement consacrée par la prédominance des maires du Palais sur les successeurs de Dagobert, qu'on a appelés les rois fainéants, et par la déchéance du dernier Mérovingien, à qui Pépin le Bref arracha son sceptre.

Nous n'entrerons pas dans le détail de la fameuse controverse, qui se produisit, au xviii° siècle, sur les deux questions précitées, entre le comte de Boulainvilliers et l'abbé Dubos. Le premier, pour donner à la noblesse plus de lustre et d'indépendance vis-à-vis de la royauté, faisait remonter son origine à la conquête de la Gaule par les Francs et expliquait par là sa situation privilégiée au point de vue politique et financier. Le second soutenait qu'il n'y avait eu, dans cette conquête, ni vainqueurs ni vaincus et démontrait l'ancienneté des impôts, auxquels les Francs eux-mêmes auraient été soumis.

Montesquieu prit part à cette controverse et s'institua ar-

bitre entre les deux polémistes ; mais arbitre partial, il sou-
tint le premier, sans pouvoir toujours réfuter le second.

Toujours au xviii° siècle, des administrateurs financiers,
Mallet, premier commis du contrôle général des finances
sous Desmarest, Forbonnais, inspecteur des monnaies, et
qui, entre autres publications d'un grand mérite, a écrit
le remarquable ouvrage : *Recherches et considérations sur
les finances de la France ;* Moreau de Beaumont, intendant
des finances, Rousselot de Surgy, premier commis des finances, à qui nous devons les trois volumes de l'*Encyclopédie
méthodique, Finances ;* des jurisconsultes, Cujas, Henrion de
Pansey, etc., se mêlèrent au débat qui fut interrompu par
la Révolution. Rouvert au commencement du xix° siècle, il
semble clos aujourd'hui, après les travaux de Guizot, Au-
gustin Thierry, Pardessus, Le Huérou, Championnière, etc.

En ce qui concerne l'origine de la noblesse, la question a
été résolue avec beaucoup d'esprit et de sagacité par Guizot :

« Les barbares libres se divisèrent ; les uns par la possession des bénéfices, des offices publics ou des charges de
cour, passèrent dans la classe des leudes et la noblesse de
leur race prit sa source dans la perpétuité de ces avantages ; la plupart de ceux qui ne purent les obtenir ou les
conserver, virent bientôt, en dépit de leur origine, leur liberté compromise, et leurs descendants tombèrent dans la
condition de colons ou de serfs ; en sorte que, si l'on veut
absolument appliquer l'idée de la noblesse, qui est l'œuvre
du temps, à une époque où le temps n'avait encore rien reconnu ni garanti, il faut dire que les hommes libres (les
conquérants) étaient une noblesse en liquidation, en déca-
dence, et les leudes une noblesse en progrès...

« Tout ce qu'on peut affirmer, c'est que c'est dans la
classe des leudes, plutôt que dans celle des Francs, que la
noblesse moderne a pris naissance. D'autre part, il n'existe
du cinquième au dixième siècle aucune noblesse véritable,
puisque la loi des Francs ne leur garantissait point la perpétuité des prééminences sur lesquelles la noblesse se fonde
et que les leudes ne les possédaient encore ni depuis un

temps assez long ni d'une manière assez stable pour que leur supériorité de fait fut devenue un droit héréditaire avoué des peuples et reconnu par les lois (1). »

L'opinion relative à l'existence d'une noblesse chez les Francs à cette époque reculée est donc insoutenable, comme celle d'ailleurs qui fait remonter l'origine du servage général à la conquête franque.

L'abbé Dubos avait soutenu, avons-nous dit, qu'il n'y avait, dans la conquête de la Gaule, ni vainqueurs ni vaincus. Dans ses *Origines du régime féodal,* Fustel de Coulanges appuie vigoureusement cette assertion.

« Si nous nous reportons aux documents contemporains, aux chroniques, aux vies des saints, aux textes législatifs, aux actes de la vie privée, nous ne pouvons manquer d'être frappés de cette remarque qu'aucun d'eux ne mentionne une véritable conquête du pays. Ils signalent des ravages, des désordres, des invasions, des luttes entre des cités gauloises et des bandes germaines et plus souvent encore des luttes de Germains entre eux ; mais ils ne rapportent jamais rien qui ressemble à une guerre nationale ou à une guerre de races et ils ne dépeignent non plus jamais l'assujettissement d'une population indigène à une population étrangère. On n'y reconnaît aucun des traits précis qui caractérisent la conquête en tout temps et tout pays. Les Gaulois étaient soumis à des rois francs ; mais nous ne voyons à aucun signe qu'ils fussent soumis à la race franque. Il y avait des hommes libres dans les deux populations; dans les deux populations il y avait des esclaves. Si la servitude avait été le partage d'une seule race, on n'y trouverait pas si habituellement des noms appartenant aux deux races. La vérité est que la servitude était une condition où toutes les races indistinctement tombaient et se confondaient. »

En ce qui concerne le côté financier de la question, il paraît démontré que les Mérovingiens continuèrent à percevoir, en leur faisant subir quelques modifications, les impositions payées par les Gallo-Romains. Pourquoi auraient-

---

(1) *Essais sur l'Histoire de France.*

ils renoncé à des ressources que ceux-ci étaient habitués à fournir ? Le manque de culture des Francs les rendait-il impropres aux travaux de la comptabilité ? Ils n'avaient qu'à maintenir dans leurs charges les agents du fisc, à utiliser l'organisation créée par Rome pour la perception des diverses taxes. Les Francs, d'ailleurs, sans admettre les Gallo-Romains, qui se recommandaient par une haute culture, sur le pied d'une égalité absolue avec eux, leur conservèrent ou donnèrent des situations élevées à la cour ou dans les gouvernements. Quant aux leudes, exempts, pour les terres à eux attribuées à titre d'alleux ou de bénéfices, de l'impôt direct, du tribut, auquel ils étaient astreints toutefois pour les terres dites tributaires venues en leur possession, ils auraient été soumis de bonne heure, plus ou moins régulièrement, en raison des crises subies par le pouvoir royal, aux anciennes impositions correspondant à nos contributions indirectes.

En parlant du reste, comme nous l'avons fait, des immunités et de l'appropriation des revenus publics par les seigneurs, nous avons fait état de la solution, dans le sens que nous venons d'indiquer, des deux questions plus haut posées.

Au cours de notre étude des redevances féodales, nous montrerons l'origine de la plupart d'entre elles dans les impositions acquittées par la Gaule sous la domination romaine, et que l'on retrouve au fond de la société « altérées mais non détruites, à peu près comme ces voies antiques dont les larges pavés se montrent encore çà et là sous la couche de terre qui les recouvre (1) ». Parfois même nous aurons l'occasion de signaler l'influence de coutumes simplement familiales de Rome sur la fiscalité féodale (2). On ne peut pas ne pas reconnaître dans les finances féodales le système plus ou moins modifié des impôts établis par les Romains dans les Gaules, aggravé par le despotisme d'une aristocratie armée.

Politiquement, le régime féodal tend à prévaloir en Fran-

____

(1) J.-J. CLAMAGERAN. *Histoire de l'Impôt en France*, p. 2.
(2) Voir plus loin : Aides féodales, Formariage, etc.

ce à partir de la seconde moitié du ix° siècle. Charles le Chauve (844-877), Louis le Bègue (877-879), Louis III et Carloman (879-884), selon leur tempérament, favorisent ou combattent les ambitions des grands seigneurs, qui se rendent de plus en plus indépendants.

Charles le Gros (884-887) réunit une dernière fois sous son sceptre l'empire des Francs, partagé, après la déposition de ce monarque à la diète de Tribur (887), en neuf États principaux : la France, l'Italie, la Germanie, l'Aquitaine, la Bretagne, la Lorraine, la Navarre, la Bourgogne transjurane (la Suisse) et la Bourgogne cisjurane (la Franche-Comté).

Alors s'ouvre la période triomphante de la féodalité. Ses représentants disputent le trône aux descendants de Charlemagne. Le duc Eudes est proclamé roi de France et règne jusqu'en 898. Son successeur est un carlovingien, Charles le Simple, qui meurt dans la tour de Péronne où l'a enfermé Herbert comte de Vermandois (929). Raoul, duc de Bourgogne, règne treize ans (923-936). Hugues le Grand rappelle d'Angleterre un fils de Charles le Simple, Louis IV d'Outremer (936-954). Avec ce prince et son fils Lothaire (954-986), qui lui succède sans opposition, la royauté s'affaiblit de plus en plus. La dynastie carlovingienne s'éteint avec Louis V, fils unique de Lothaire, un adolescent, qui meurt quatorze mois après son avènement au trône (986-987), surnommé le Fainéant, ou, comme l'appelle l'évêque Gerbert, « Louis qui ne fit rien ».

Hugues Capet, grand feudataire de la couronne, fait roi à Senlis (987), dans une assemblée de nobles laïques et religieux appartenant surtout à la région du Nord, sanctionne l'état de choses existant. Ses successeurs immédiats observent le statut féodal.

La période féodale proprement dite embrasse les x°, xi° et xii° siècles.

Avant de parler des finances de la féodalité, il est indispensable de dire tout au moins quelques mots de la composition d'un domaine moyen et de la constitution de la propriété pour l'explication des charges qui pesaient sur les diverses catégories de terres.

Le domaine un peu considérable d'un seigneur était ordinairement composé de trois parties distinctes : 1° le domaine proprement dit, très restreint, comprenant le château « avec ses accins, préclôtures et terres environnantes, aussi loin qu'un chapon pouvait couvrir d'une seule volée », dont le seigneur s'était réservé l'exploitation (*terra indominicata*); 2° les terres occupées par les tenanciers urbains et ruraux, mais dont le seigneur avait gardé l'administration directe (*dominium*); 3° les terres que le seigneur avait concédées en fief à des vassaux, dont il n'avait gardé que le domaine éminent ou direct (*dominium eminens*).

Telle était, pourrait-on dire, la division politique du domaine. Voyons maintenant quelle y était la constitution de la propriété. Nous retrouvons les mêmes divisions que ci-dessus. Le seigneur avait la pleine propriété de la partie de la terre dont il s'était réservé l'exploitation, la *terra indominicata*, que l'on appellera encore le *manse dominical*.

En dehors de cette partie du domaine, il n'y avait plus que des tenures ; là, le droit de propriété du seigneur était limité par les droits des tenanciers.

Les tenures se subdivisaient en tenures nobles, qui étaient possédées par les vassaux, et en tenures ignobles ou roturières: censives, vilenages, exploités par les roturiers, les vilains.

Ces deux sortes de tenures donnaient lieu à un contrat (réel ou fictif) ; mais, tandis que dans le contrat de fief, il y avait association de deux personnes, dont l'une concédait le sol à l'autre, à charge par cette dernière de services nobles de fidélité, aide et conseil, l'objet des contrats, dont bénéficiaient les roturiers, n'était autre que l'exploitation d'une propriété non bâtie ou bâtie.

Les tenanciers, nobles ou non, avaient, au regard de leur concédant, le *domaine utile* (*dominium utile*), qu'il ne pouvait leur enlever que dans le cas où ils auraient manqué à leurs obligations envers lui. Ce domaine utile n'était pas, est-il besoin de le dire, entièrement de même nature pour les tenures nobles et non nobles.

La concession d'une terre divisait donc en fait le droit de propriété ; ou, si l'on veut, la propriété des tenures donnait lieu à la co-existence de deux droits : le *domaine supérieur* (*dominium eminens*) ou *direct*, comme on disait alors, celui du concédant, et le *domaine utile*, donnant au tenancier noble ou roturier l'usufruit tout entier, avec le droit d'aliéner et de transmettre par héritage, sauf approbation du premier. On s'habituera peu à peu à considérer cette jouissance à longue durée comme une véritable propriété ; ce qui fera deux propriétaires pour une même terre.

Au-dessous des tenures roturières, il y avait les tenures serviles, qui en différaient sur deux points : 1° dans la tenure servile, il n'y avait point de contrat, le tenancier possédant par une simple faveur du concédant, qui pouvait à son gré alléger ou aggraver ses charges ; 2° la tenure servile n'entraînait aucun droit de propriété pour le serf ; elle ne pouvait point par suite être héréditaire, comme la tenure roturière.

Toutefois, les serfs avaient le droit de posséder ; aussi, a-t-on pu dire, non sans exagération pourtant, qu'ils vivaient en hommes libres et mouraient en esclaves.

Cette dernière différence entre ces deux tenures était presque la seule caractéristique. Le seigneur, surtout à la campagne, était trop souvent tenté d'assimiler la condition du roturier des champs à celle du serf, son voisin. D'autre part, les roturiers n'étaient pas nécessairement affranchis de certains droits serviles, comme par exemple ceux de poursuite et de formariage, considérés comme des mesures de police ou faisant partie du droit du seigneur ; ils restaient également ment assujettis aux services attachés soit à la terre, dont ils avaient reçu la jouissance, soit au métier qu'ils exerçaient.

Entre les tenures roturières et serviles se trouvaient les *hostises*. Le seigneur, qui avait beaucoup de terres et peu d'hommes, fixait, sur son domaine, des étrangers qui devenaient des hôtes (*hospites*), en vertu d'un contrat de *hostise*, qui leur assurait la jouissance perpétuelle de la terre, moyennant des redevances personnelles et pécuniaires. La condition des hôtes rappelait celle des colons des périodes précédentes.

Enfin, à côté du manse dominical, roturier et servile, il y avait ordinairement une troisième catégorie de terres, incultes et généralement d'ailleurs d'une culture difficile, à l'usage commun du seigneur et des tenanciers. C'est à tort qu'on a voulu y voir l'origine de nos biens communaux, qui est plus ancienne.

Concluons. Dans le domaine féodal, seul le droit de propriété du seigneur sur la *terra indominicata* est absolu ; dans les autres parties, il est réduit au domaine direct et limité par les droits des tenanciers ensaisinés, qui eux-mêmes n'ont que le domaine utile. Mais ce seigneur n'est-il pas lui-même le vassal d'un autre seigneur ? Ne se trouve-t-il point vis-à-vis de ce dernier exactement dans la même situation que ses propres vassaux vis-à-vis de lui ? Dès lors, ce droit absolu de propriété sur la *terra indominicata* ne disparaît-il point, le maître n'ayant plus, au regard de son seigneur dominant, que le domaine utile ? La conséquence est que, dans la France féodale, presque entièrement divisée et subdivisée en fiefs, dont le roi était, comme on dira plus tard, le *souverain fieffeux*, le droit absolu de propriété n'existait théoriquement que dans la partie non concédée du domaine royal.

La propriété libre a-t-elle néanmoins disparu, dès l'établissement du régime féodal ? On la retrouvera encore pendant une longue période.

C'est d'abord l'alleu, que l'on rencontre plutôt dans le Midi que dans le Nord, l'alleu, la terre franche, attribuée en toute propriété aux Francs, après la conquête, ou laissée aux propriétaires nobles ou élevés en dignités de la Gaule romaine, affranchis du *tributum*, et qui, à travers les trois ou quatre siècles suivants, a gardé son indépendance, et, aux premiers temps de la féodalité, échappe à la hiérarchisation des domaines, ne relève que de Dieu seul (1). C'est ensuite la franche-aumône, donnée aux églises et aux abbayes

____

(1) « On appelle Alliex ce qu'on tient sans faire redevances nulles à nullus. » BEAUMANOIR, *Coutumes de Beauvaisis*, p. 123.

ad Deo serviendum ; on ne s'étonnera pas de la voir, comme l'alleu, ne relever que de Dieu.

Mais la féodalité finira par absorber ces deux tenures, qui seront soumises à la règle du ressort féodal. Le principe : *Nulle terre sans seigneur* sera généralement appliqué.

De ce qui précède résultaient trois sortes de droits : les droits fonciers, féodaux et seigneuriaux.

Les droits fonciers étaient ceux qui naissaient de l'amodiation de la terre : contrats de censive, hostise, etc.; ils formaient le loyer du sol, payé par les tenanciers non nobles, soit en argent, soit en nature, soit en services corporels ; c'est à eux que nous pensions quand précédemment nous parlions des redevances pécuniaires et corporelles, ainsi que des aides, dues par les roturiers, les hôtes et les serfs au seigneur.

Les droits *féodaux* étaient ceux qui résultaient du contrat de fief, et qui, dans des cas déterminés, conféraient au seigneur sur ses vassaux nobles des droits à la fois d'ordre privé : assistance personnelle, et d'ordre public: service militaire, service de justice et de conseil. Là se bornaient, à l'origine, ainsi que nous l'avons dit plus haut, les obligations du vassal, qui ne sera tenu à certaines redevances en argent vis-à-vis de son suzerain que lorsque les fiefs seront devenus héréditaires.

De l'ancien affranchissement du tribut, avant la féodalité, du contrat de fief, depuis, a découlé, pour la noblesse, le privilège d'exemption des charges pesant sur la terre. Le statut féodal l'a admis pour les propriétés des clercs, par suite de la généralisation du principe des immunités et des conditions de la donation d'immeubles faite par les seigneurs à l'église avec exonération de tous droits fonciers.

Enfin, on appelait plus particulièrement droits *seigneuriaux* ceux qui ne dérivaient ni d'une exploitation foncière ni d'un contrat de fief et que le seigneur exerçait sur ses terres et sur ses hommes, comme le roi les eût exercés si le pouvoir central n'avait fait place au pouvoir du seigneur. C'était, d'une manière générale, le droit de rendre la justice, de faire les règlements administratifs, de lever des troupes, de battre monnaie, de percevoir des revenus fiscaux sous forme de redevances et de corvées.

Ces droits pesaient moins sur la terre que sur les personnes ; aussi les seigneurs ne les exerçaient-ils pas tous et sur tout le monde. Ainsi, les membres de l'aristocratie terrienne ou militaire, engagés d'ordinaire dans les liens de la vassalité, n'étaient soumis qu'aux droits féodaux.

D'autre part, il y avait dans la société féodale des groupes dont le chef ne possédait que des droits fonciers.

Dans les groupes les plus importants, le chef avait, indépendamment des droits fonciers et féodaux, des droits seigneuriaux, c'est-à-dire de souveraineté, plus ou moins larges. Ces derniers groupes formaient les *seigneuries* par opposition aux simples *fiefs*. On n'était un seigneur, dans la pleine acception du mot, qu'à la condition d'exercer, en totalité ou en partie, le pouvoir administratif et judiciaire, ravi à l'Etat.

Dès les premiers temps de la féodalité, on distinguera deux classes de seigneuries : les grandes seigneuries laïques ou religieuses, au nombre d'une quarantaine, presque toutes duchés, comtés ou vicomtés, gouvernés par de puissantes familles jouissant de tous les droits régaliens, et formant par leur étendue et leur organisation des Etats féodaux : duchés de Normandie, de Bourgogne, d'Aquitaine, etc., comtés de Flandre, de Toulouse, de Provence, etc. : vicomtés de Limoges, de Carcassonne, etc. ; évêché de Laon, archevêché de Reims, etc., et les petites seigneuries, groupées autour des grandes.

Cette division en droits fonciers, féodaux et seigneuriaux nous entraînerait à des distinctions qui compliqueraient sans utilité pratique notre tâche : aussi lui préférerons-nous la suivante, qui ne s'éloigne pas beaucoup de la première et qui a l'avantage d'être plus concrète, plus simple : droits perçus: 1° par le seigneur sur ses terres; 2° par le suzerain sur son vassal ; 3° par le roi dans le royaume.

Quelques auteurs se sont donné la peine de faire rentrer les redevances féodales dans notre division actuelle de l'impôt en contributions directes et indirectes. Ce travail est vraiment trop facile ; le lecteur pourra le faire lui-même en nous lisant,

CHAPITRE II

DROITS PERÇUS PAR LE SEIGNEUR SUR SES TERRES (1).

§ 1. Droits sur les propriétés.

1° Cens (*census*). — Nous ne parlons ici que du cens *réel*, par opposition au cens *personnel* ou *chevage*, dont il est question plus loin.

Dérivant de l'ancien impôt, perçu pour le fisc romain par le *judex*, le cens continua à être levé pour le Trésor royal par le justicier des Mérovingiens, le comte des Carlovingiens.

Mais à côté de ce cens public, vers la fin de la période gallo-romaine et sous les deux premières races, il y avait un cens privé. L'ancienne redevance, payée au propriétaire romain par ses colons, ses fermiers et ses esclaves, était devenue un *cens*, de même que le prix des concessions bénéficiaires de l'Eglise, qui, à l'origine du moins, n'exploitait pas directement ses propriétés. L'institution bénéficiaire se développant durant la période barbare, des cens résultaient des conventions entre bienfaiteur et bénéficiaire. Des concessions de bénéfices étaient faites *sub censu legitimo*. Le recommandataire recevait la propriété recommandée (2) *sub modico censu*, etc.

---

(1) Nous ne prétendons point donner une nomenclature complète des droits perçus dans toute la France. Les mêmes droits sont souvent levés sous des dénominations différentes dans les provinces, formant, ainsi qu'on le sait, des gouvernements particuliers.

(2) A cette époque de guerres et de brigandages, les petits propriétaires, les cultivateurs se plaçaient sous la sauvegarde des grands, des évêques, des abbés, des officiers royaux, de tous ceux qui avaient une force matérielle ou morale pour les défendre. Par un acte, appelé *recommandation*, un petit propriétaire abandon-

Bref, *donner à cens* devint synonyme d'*affermer*.

Les cens public et privé vinrent à se confondre souvent par suite des immunités entraînant concession d'impôts, si nombreuses surtout sous la deuxième race. Leur réunion dans les mêmes mains devint la règle, quand, à la suite de l'établissement du régime féodal, la noblesse s'appropria et l'impôt et la terre.

De là deux espèces de cens qui se rattachaient, le premier, à la souveraineté du seigneur, le second, à sa propriété du sol.

Le premier, récognitif de la seigneurie et représentant l'ancien impôt, s'appelait *chef cens* (*capitalis census*), *menu cens*, en raison de sa modicité (1). Il était réglé d'une manière assez uniforme à tant par maison, à tant par arpent (*census fonsalis*). Le second, plutôt un fermage, était plus en rapport avec les revenus et, pour cette raison, appelé *croît de cens* (*incrementum censûs*), *surcens*, *gros cens* ou *cher cens*. On opposait encore au premier, dénommé aussi *cens coutumier*, établi en vertu de la coutume, le second, *cens contractuel*, résultat d'un contrat (2).

Résumons leurs différences.

Le chef cens est un impôt ; il est recognitif de la seigneurie, imprescriptible, indivisible, menu, invariable, et enfin quérable (3), c'est-à-dire que, pour payer, le débiteur attend

---

naît sa terre à un personnage, qui la lui rétrocédait aussitôt, à charge de services par le recommandataire, qui, en retour, vivait sous sa protection.

L'*obnoxatio* était une aggravation de la recommandation ; par cet acte, l'homme se donnait corps et bien à l'église dont il devenait serf.

(1) ARGOU et HERVÉ mettent en doute la modicité primitive du cens ; ils pensent que le cens avait été d'abord fixé en raison des revenus, mais que l'argent avait beaucoup perdu de son pouvoir depuis l'époque reculée à laquelle remontaient beaucoup d'acensements ; en outre, nombre de terres avaient acquis par la culture une valeur nouvelle, etc.

(2) *Census accordabilis* ou *accordalis*. Du Cange.

(3) La Grande Encyclopédie déclare au contraire « le chef cens, portable, c'est-à-dire que le censitaire devait s'acquitter du cens au manoir du seigneur ; ce qu'indique cette règle de Loisel : « Cens n'est requérable ains rendable et portable ». Le surcens, au contraire, était quérable. »
Nous pensons que l'auteur de l'article, M. Paul Cauwès, se trompe. Le cens, *census*, tout court, n'est-il pas d'ailleurs le surcens? Nous nous croyons donc fondé à suivre J.-J. Clamageran, dans

l'agent du seigneur, comme autrefois le contribuable atten-
dait l'agent du fisc romain et plus tard royal.

Le cher cens représente un fermage ; il est quelquefois
postérieur au premier et souvent stipulé au profit d'un autre
que le seigneur ordinaire, divisible (d'où quelquefois son
nom de *cens cottier*), plus élevé, réductible en raison de la
stérilité du sol et enfin portable, comme tous les devoirs
féodaux.

La différence essentielle consistait surtout dans le mode
de preuve exigée pour constater le droit à la perception du
cens. S'il s'agissait du premier, *cens coutumier*, un titre
n'était pas nécessaire ; il suffisait d'être en possession et de
prouver que la redevance réclamée était généralement établie par la coutume dans le ressort où le litige était soulevé;
s'il s'agissait du second, *cens contractuel*, il fallait produire soit un titre, soit un aveu, ou prouver la possession, non
pas seulement sur les immeubles situés dans le même territoire, mais à l'égard même de l'immeuble qu'on prétendait
grevé.

Dans les stipulations intervenues entre seigneurs et
habitants, comme plus tard dans les chartes des communes, on tendra à régler par contrat les redevances coutumières elles-mêmes. La tendance des seigneurs est « d'assimiler les droits qu'ils exercent comme souverains, à ceux
qu'ils exercent comme propriétaires; ils sentent vaguement
que leur souveraineté toute locale ne saurait offrir pour

------

son *Histoire de l'Impôt en France*, comme l'a fait du reste Alfr.
Vuitry dans son *Régime financier de la France.*
  « Dans une charte de la fin du XIIe siècle, il est question d'un
arpent de terre avec une maison, un verger et une vigne, le tout
vendu et donné à cens, c'est-à-dire aliéné à raison d'une somme
une fois payée et d'un cens périodique. Ce cens est de deux espèces:
1° *le chef cens, capitalis census*, qui est de 11 deniers oboles: 2° *le
cens proprement dit, census*, qui est de 12 sous, payables chaque
année à la Saint-Remi. Le *census* était une rente seigneuriale
imposée au vassal et calculée sur le produit de l'immeuble acensé.
C'était cette rente dont le champart tenait lieu quelquefois pour
les terres labourables. Le chef cens ou menu cens était moins une
rente qu'une espèce de symbole, une reconnaissance par laquelle
le censitaire déclarait que la propriété supérieure du fonds appartenait au seigneur. » GUÉRARD, *Prolég. du Cartul. de Saint-Père
de Chartres.*)

leurs prétentions une base aussi solide que le droit de propriété (1) ».

La population bourgeoise, roturière, vilaine, serve, était seule soumise au cens, payable en nature ou en argent (2).

Pour éviter la confusion dans l'exposé des éléments composant le cens réel, nous n'avons parlé que de l'impôt et du fermage du sol, négligeant d'autres sources. Il pouvait encore provenir de l'affranchissement de la personne, de la terre, ou, au contraire, de l'assujettissement de l'alleu à l'impôt par un seigneur oppresseur.

Le mot cens prendra une signification plus étendue et servira à désigner des droits annuels : cens de taverne, etc.; il y aura le cens des brebis, des poules.

Dans beaucoup de chartes du Midi, le *census*, cens, est remplacé par le mot *obliœ* (3), oblies. *Obliœ*, dit Du Cange, *panum tenuissimorum prœstationes, quœ certis diebus fiebant dominis a vassalibus et subditis, quœ posteà in tenuem et pusillam pecuniæ quantitatem evaserunt. Oblia*, dit-il encore, *appellatur census seu prœstatio censualis, quœ ex aliis etiam rebus, quam obliis, pensitabatur.* « Oublies sont des pains ronds et plats dus au seigneur... ; lorsque depuis il (le mot) a été étendu à quelque espèce de rente, çà a été avec désignation particulière des choses, par exemple, des oublies de vin, de froment..., de quelque nature que fussent les oublies, elles ont été enfin réduites en deniers (Gloss, de Laur.) (4). »

Nous voyons, dans les coutumes de Montargis et de Blois, le droit d'oublies, le droit d'obliages.

Il y avait les oblies des maisons, des jardins, des vignes, etc. Le territoire dans lequel étaient situées les pièces

---

(1) J.-J. CLAMAGERAN. *Histoire de l'impôt en France.*

(2) On appelait *censive* la redevance en nature ou en argent, *censitaire* le possesseur de la terre baillée à cens, *héritage censuel*, cette terre, et enfin *censive* ou *directe censuelle* le droit de seigneurie retenu par le bailleur.

(3) *Obliœ*, de *oblata.*

(4) *Dictionnaire de l'ancien langage français* de LACURNE DE SAINTE-PALAYE. Nous parlons encore plus loin des oublies, cadeaux.

de terre, grevées d'oblies, était désigné dans certains endroits sous le nom d'obliary (1).

A l'imposition du cens nous rattacherons le droit de *fromentage*, que, dans certains pays, les roturiers payaient pour des terres situées en dehors de la seigneurie ; le droit de *levage*, qui ne pouvait excéder 5 sols, perçu par le seigneur justicier sur les biens de ses sujets qui allaient demeurer hors de son fief (2).

2° Autres droits sur les récoltes. — Champart (*campi pars* (3) ou *partus, campars, campipartum, campartum, campartagium*, etc.)

De même qu'il y avait deux espèces de cens, de même nous distinguerons deux sortes de champarts : ils pouvaient être seigneuriaux ou représenter un fermage.

Seigneurial, le champart tenait lieu de cens et comme lui, du reste, était le prix de la concession du fonds ; de là parfois son nom de champart censuel. On jugeait que le champart tenait lieu de cens quand le tenancier ne devait **au** seigneur aucune prestation en argent. Quoiqu'un cens eût été stipulé, le champart pouvait encore être seigneurial s'il avait été convenu qu'il s'ajouterait au cens *in augmentum censûs*. Dans ce cas, c'était comme un surcens.

Le champart, avons-nous dit, représentait un fermage ; il paraît être l'origine du métayage ou colonat partiaire en usage surtout dans le Midi.

Le champart était levé en nature, sur le champ même, proportionnellement à la récolte ; le taux en était très variable. Il était du huitième à Etampes, du douzième, d'après la coutume de Montargis. Suivant certaines autres coutumes, c'était le sixième (Poitou), le quart ou le cinquième : d'où les noms de quatrain et de cinquain (Lyonnais, Beaujolais) ; il montait même au tiers dans certains pays, alors qu'en Dauphiné il n'était que du vingtième : droit de vingtain.

Il se percevait en général sur toutes les récoltes : blé,

---

(1) Obliary de Saint-Germier de Muret.

(2) DE LAURIÈRE. Voir aux tonlieux un autre droit de levage.

(3) *Campi pars, fructuum fundi, quam colonus partiarius solvit domino, pars et portio.* **Du Cange.**

millet, seigle, avoine, et son prélèvement était fait anciennement avant la dîme; dans la jurisprudence nouvelle, la dîme
avait la préférence.

Le champart était rarement coutumier; il dérivait ordinairement d'une concession ou *baillette*.

« En Nivernais, on rencontre sous le nom de champart
un droit tout spécial. D'après les coutumes du Nivernais
(ch. XI, art. premier), *chacun peut labourer terres ou vignes d'autrui non labourées par le propriétaire, sans autre
réquisition, en payant les droits de champart ou partie, selon la coutume et usance du lieu. Jusqu'à ce que, par leur
propriétaire leur soit défendu.* » Et M. Paul Cauwès, à qui
nous empruntons cette citation (1), se demande s'il ne faut
pas voir là un vestige du droit primitif de chacun à la jouissance du sol ou si cette coutume n'a pas été admise pour le
bien public. « Quoi qu'il en soit, ajoute-t-il, la coutume
était très largement entendue et le droit d'opposition du
propriétaire ne pouvait plus utilement s'exercer, lorsque
« la première façon de labourage » avait eu lieu. Ainsi tem-
pérée, la propriété peut sembler moins un droit qu'une fonction que le propriétaire ne peut pas impunément négliger. »

Le prélèvement sur le produit des vignes s'appelait *com-
plant* dans l'Anjou, le Maine et le Poitou; *carpot* dans le
Bourbonnais, du quart de la vendange (*quart-pot*) ; ailleurs,
droit de vendange, terceuil ou *terceau*, et dans le latin de
l'époque : *consuetudo in vineis, census consuetus cum justo
terciolo, terciolagium* (2).

Le droit sur les grains s'appelait en général *civerage*
(*civeragium, civadageum*), *mestive* (*mestiva* (3); cependant le
civerage désignait plus particulièrement le droit sur l'a-
voine, la mestive, le droit sur le blé.

Le droit de champart était aussi nommé *agrier*, dans le
Nord et *agrer* (*agrarium, agrerium*), dans le Midi, où le
mot *tasque* était encore fréquemment employé. On l'appelait

----

(1) La Grande Encyclopédie. Champart.
(2) *Terciolagium; pars tertia modii. Modius, mensura liquido-
rum.* Du Cange.
(3) Voir plus loin l'origine de mestive.

dans certaines provinces *terrage* (*terragium*), *agriculture*, *ychide* et, dans le Bourbonnais et l'Auvergne, *parcicre* (entre le champart et la dîme).

Le champart était prélevé par des officiers nommés *numeratores*, qui comptaient les produits pour établir la part à prélever ; d'où encore son nom de *numeragium*.

Aux droits de champart nous rattacherons les droits de *grairie* et de *gruerie* sur les forêts, dont nous parlons plus loin ; les droits de *bordelage*, de *bourdelage*, de *bordage* en grains, en volaille, ou même en argent, exigés de tout laboureur tenant une métairie ou borde et auquel deux bœufs suffisaient.

Quoique l'agrier, champart ou terrage représente un droit dû par suite de la cession d'une terre, ainsi que la censive, il s'en distingue par des différences notées par Laurière (1). 1° La censive est la marque d'une seigneurie directe ; le champart, au contraire, peut être dû à une personne n'ayant pas de seigneurie. 2° Celui-ci est généralement quérable alors que la censive peut être portable. Toutefois, en Bourbonnais, en Poitou, à Orléans, à Blois, etc., le champart est portable ; il doit être conduit par le tenancier jusqu'à la grange champarteresse. 3° La censive est annuelle, alors que le champart ne l'est pas partout ; il y a des pays où le propriétaire ne prend rien pendant trois années et lève ensuite tous les fruits de la quatrième. 4° La censive produit toujours un revenu égal ; le champart est forcément variable. 5° La censive est due bien que les terres ne soient point cultivées ; il n'en est pas de même du champart prélevé sur la récolte ; de là l'obligation pour le tenancier de cultiver les terres et pour le propriétaire le droit de reprendre celles qui seraient laissées incultes sans motif. 6° Enfin, le cens est prescrit après trente ans, alors que le champart bénéficie de la prescription quinquennale (2).

---

(1) *Glossaire du droit français* au mot *agrier.*

(2) Après de nombreux écrivains, nous avons dit et maintenons que le cens était imprescriptible.

A propos du droit de champart, mentionnons le droit de *rouage*, qui était d'une gerbe de blé, que prenait le seigneur lors de l'enlèvement du terrage pour l'exemption que les contribuables avaient acquise de le porter en la grange du seigneur.

3° Droits sur les bêtes. — Après les droits sur les productions agricoles, les droits sur les bêtes; peu échappaient à la fiscalité du seigneur qui frappait souvent les mêmes d'impositions diverses.

Il y avait les droits généraux de *mestive* (*mestiva*) (1), redevance en blé à tant par tête de bœuf, d'âne, etc. ; le droit de *plume*, perçu sur la volaille en général ; le droit de *parcage*, dû par chaque habitant possédant un parc à troupeaux; le droit de *suite de dîme*, prélevé par le seigneur sur les bêtes qui allaient labourer dans une dîmerie autre que la sienne.

Pour les bœufs, il y avait le droit de *cornage* (*cornesagium*, *boagium*, *bovagium*, etc.), payable en blé ou en argent, annuellement ou à propos des différentes cultures. Droit *d'assises* (du mot assises) en Lorraine et dans le Barrois. On allait même jusqu'à imposer les instruments aratoires. La *charruée* (2) se percevait sur chaque charrue.

Dans le Berry, on payait même pour les bœufs que l'on n'avait pas ; un droit de *laude*, qui était de deux deniers tournois, était levé « sur chacun des habitants non ayant bœufs » (3).

Il y avait, sur les bêtes à laine, un droit de *vif* ou *mort herbage*. Le droit de vif herbage était d'un chef sur 10, 20, 25, selon les pays, donné par les sujets tenant héritages cottiers et non francs. Si le nombre était moindre, le seigneur ne prenait qu'un droit de mort herbage, qui était d'un denier parisis ou d'une maille ou obole pour chaque chef.

---

(1) De *messis*. Le droit des moissons ne sera pas levé pour le roi sur ceux qui n'auront pris des bœufs que depuis la Saint-Michel jusques à la moisson suivante. *Ordonnances royales*, t. Ier, p. 10.
(2) *Carrucagium, tributum sumptum singulis aratris*. Du Cange.
(3) De Laurière. *Glossaire*.

A propos du cens, nous avons parlé du cens des brebis, des poules, etc.

Il y avait le droit de chevrotage sur les chèvres et chevreaux ; le droit de *fresange* (*friscingæ*, porcs), payé à la fête de Noël par les habitants « ayant pourceaux et truies jusqu'au nombre de trois» (les pourceaux de lait exceptés) (1).

Nous parlerons des droits sur les chevaux quand nous serons arrivés aux corvées.

Nous aurons encore à mentionner de nombreux droits payables pour les bêtes, quand nous traiterons la question des péages, tonlieux, forêts, etc.

4° Droits sur les habitations (*masnagium*). — Droit de *fouage* (*focagium*) (2). Il était primitivement dû au seigneur dans certaines provinces par chaque chef de famille tenant feu, lors même que plusieurs ménages vivaient séparément sous le même toit. On le payait en argent, grains, etc., etc.

« Spelmannus *in Gloss.* l'appelle *tributum ex foco...*, il dit qu'il est appelé aussi *cheminagium*, gal., cheminée. — Au pays de Forets se lève un droit appelé *blande...* et le proverbe est dans le pays « feu mort, blande cesse » (3). Droit de *luet* (de *lux*) en certains pays.

Nous aurons à reparler du *fouage* sous le règne de Charles V, etc.

5° Dîmes (4). — Créées primitivement pour l'entretien du clergé au profit des églises et des pauvres, elles ne représentaient pas toujours le dixième, variant suivant les vicissitudes des années bonnes ou mauvaises. Prélevées pendant longtemps en vertu de décisions de conciles, Charlemagne les rendit obligatoires (édits de 779 et de 794).

On distinguait les *menues dîmes* (*minutæ decimæ, deci-*

---

(1) De Laurière, *Glossaire*.

(2) *Focagium : census qui exigitur a domino feudali pro singulis focis seu domibus subditorum ac tenentium suorum.* Du Cange.

(3) De Laurière. *Glossaire*.

(4) C'est sous la forme de la dîme (*decuma*), le dixième ou environ du revenu brut de la récolte, que les Romains perçurent d'abord le cens, surtout dans la région du sud-est de la Gaule, la *Provincia romana*, qui faisait partie de l'empire quand César fit la conquête de la *Gallia comata* ou chevelue. Dans cette dernière partie, en place de la dîme, on versait une somme d'argent (*stipendium* ou *stipendiarium*).

mulœ), qui se percevaient sur le menu bétail, sur la volaille, les fruits, les légumes, etc., et les *grosses dîmes* (*grossœ decimœ*), levées sur les blés, le vin, le gros bétail.

Les prémisses (*prœmissœ*), perçues sur les premiers fruits et sur les premières portées des animaux et variant du trentième au soixantième, étaient jointes aux dîmes comme accessoires.

Nous n'aurions pas eu à nous occuper de ces redevances, prélevées par l'Eglise, si nous n'avions point dû parler des dîmes *militaires* et *inféodées*.

Les dîmes militaires remontaient à Charles Martel, qui, trouvant le domaine royal presque réduit à rien, récompensa, avec les bénéfices pris au clergé, les services des fidèles compagnons qui l'avaient suivi dans ses guerres (1).

Sous le régime féodal, l'Eglise concédait aux grands seigneurs, pour s'en faire protéger, des fiefs, qu'on appelait fiefs *épiscopaux*, quand ceux-ci les tenaient d'évêques, et *presbytéraux*, quand ils les tenaient de curés ou autres prêtres.

Parfois les seigneurs s'emparaient d'archevêchés, de simples églises paroissiales.

En outre, dans les xi° et xii° siècles, les seigneurs firent bâtir, dans les campagnes, de nombreuses chapelles dont ils s'approprièrent les revenus.

On appela ces dîmes inféodées, c'est-à-dire données en fief.

Les dîmes militaires et inféodées s'étendaient sur toutes choses susceptibles de produire des revenus : terres, maisons, forêts, péages, etc. ; elles étaient vendues, cédées, données en dot, etc. Les rois de France, surtout à partir de Louis IX, favoriseront leur rétrocession à l'Eglise.

6° Aides. — L'examen du contrat féodal nous a montré que l'aide (*auxilium, subsidium, juvamen*), en ce que ce mot a de plus général, constituait un devoir du vassal vis-à-vis du suzerain, du roturier et du serf vis-à-vis du maître.

____

(1) Voir bénéfices militaires plus loin.

En ce qui concerne moins les serfs, taillables et corvéables à merci, que les roturiers et les vassaux, l'aide féodale comprenait des redevances personnelles et pécuniaires.

Nous n'allons parler que de ces dernières, réservant les redevances personnelles, qui se rattachent à la question du service militaire, que nous traitons plus loin.

Nous prévenons le lecteur que nous n'allons pas nous occuper seulement des redevances pécuniaires, dues par les roturiers, qui seules auraient intéressé cette partie du chapitre (puisqu'il ne s'agit ici que des droits des seigneurs sur leurs terres), mais encore de celles auxquelles étaient tenus les vassaux à l'égard de leur suzerain, les premières et les secondes découlant du même principe.

En vertu du droit à l'aide, le seigneur sur les roturiers, le suzerain sur le vassal, levaient des redevances en nature ou en argent dans trois circonstances extraordinaires : quand le seigneur mariait sa fille aînée (aide de mariage), armait chevalier son fils aîné (aide de chevalerie), avait à payer sa rançon (aide de rançon). On y ajoutera une quatrième circonstance : quand le seigneur ou le roi se croiseront (aide du voyage d'outre-mer, qui sera étendue au cas de pèlerinage).

On aura alors ce qu'on a appelé l'*aide féodale aux quatre cas*.

Quelle pouvait bien être l'origine de l'aide aux trois cas, dont il n'y a point d'exemple dans la fiscalité antérieure ? Les ouvrages traitant de nos finances étaient muets là-dessus et nous cherchions vainement une réponse à notre question lorsque tomba sous nos yeux le passage ci-après de la *Cité antique*, de Fustel de Coulanges, livre II, *La Famille*. «... Comme ils (les membres de la *gens romana*) avaient tous à l'origine, un même patrimoine indivis, ce fut un usage et même une nécessité que la *gens* entière répondît de la dette d'un de ses membres et qu'elle payât la rançon du prisonnier ou l'amende du condamné. Toutes ces règles s'étaient établies d'elles-mêmes lorsque la *gens* avait encore son unité; quand elle se démembrera, elles ne purent pas disparaître complètement. De l'unité antique et sainte de cette famille il resta des marques persistantes... dans les mœurs qui leur enjoignaient de s'entr'aider. »

Si Fustel de Coulanges ne paraît pas avoir été frappé par la similitude entre ces droits et les aides, ce rapprochement s'est imposé à M. P. Lacombe, qui, dans *L'Appropriation privée du sol*, parue dans la *Revue de synthèse historique*, année 1905, discute la théorie du célèbre historien sur l'origine de la propriété. Examinant à son tour la composition de la *gens romana* et énumérant les devoirs de ses divers membres entre eux, M. P. Lacombe écrit : « Le client est tenu de suivre le *pater* à la guerre ; il sert sous lui, à côté de lui.

« Si le *pater* est fait prisonnier, le client le libère en payant sa rançon. Il contribue pour faire une dot à la fille du *pater*. Il contribue pour payer les frais de justice ou l'amende à laquelle le *pater* a été condamné. Il contribue pour soutenir le *pater* dans les charges publiques. » Et plus loin : « Le client paie une contribution au profit du *pater* en *quatre* occasions. Cela me fait invinciblement penser à la taille aux *quatre cas*, que payaient à leurs seigneurs les colons du ixe siècle. Et je ne suis pas le seul qui ait été frappé par la ressemblance (1). »

Enfin, nous avons trouvé dernièrement, au mot *Aide*, dans le *Dictionnaire historique de l'ancien langage français*, par La Curne de Sainte-Palaye, les lignes suivantes, qui confirment cette origine de l'aide féodale : « ...A ne considérer les seigneurs que comme protecteurs de leurs vassaux, il semble probable que l'usage de l'ancienne Rome suivant lequel, au rapport de Denys, d'Halicarnasse, les Cliens aidaient leurs patrons à doter leurs filles, à payer leur rançon ou celle de leurs fils, ayant pu être connu dans les Gaules, longtemps avant l'établissement des Francs dans cette province romaine, les vassaux des seigneurs en usèrent envers eux, comme les cliens et les affranchis romains envers leurs patrons. »

Aux quatre cas s'en ajoutaient d'autres dans certains

______

(1) Blacktone au moins l'a été.
Les colons du ixe siècle ne connaissaient que trois des quatre cas de l'aide, les croisades n'ayant commencé qu'au xie.

pays. Après le décès du seigneur, son héritier avait sur ses vassaux le droit d'aide-relief, pour l'aider à payer au seigneur dominant les droits de mutation ; il y avait encore l'aide pour l'acquisition d'une terre seigneuriale, celle-ci due seulement une fois dans la vie du seigneur ; l'aide pour la défense du domaine. Enfin l'aide de croisade sera étendue aux cas de guerre contre les Sarrasins, les hérétiques et autres ennemis de la foi.

Les vassaux exerçaient sur leurs arrière-vassaux un droit de sous-aide pour les aider à payer l'aide au seigneur suzerain.

Non seulement l'aide variait selon les cas, mais encore il y avait presque autant de différentes fixations de ce droit qu'il y avait de coutumes qui le réglaient. La coutume d'Amiens fixait à 60 sols parisis et à 10 livres parisis le montant de l'aide de la chevalerie et de mariage pour chaque fief, tenu en plein hommage et en pairie.

Si les suzerains tenaient compte, vis-à-vis de leurs vassaux, de la réglementation du droit à l'aide, il n'en était pas toujours ainsi des seigneurs vis-à-vis des roturiers, sur lesquels beaucoup l'exerçaient en l'étendant considérablement.

Le droit payé par les roturiers était communément du double des devoirs seigneuriaux (*droit d'indire* ou de *doublage*).

Les aides payées par les roturiers à leur seigneur s'appelaient *aides chevels* « pour ce que ils doivent estre payez aux chefs-seigneurs ».Elles étaient perçues,sur la terre,sous forme de taille et, sur les denrées et marchandises, au moyen des taxes, à tant de deniers par livre.

La nature des aides les avait fait distinguer en « loyaux aides » ou légitimes, celles qui étaient prescrites par la loi, en « aides coustumiers », celles qui étaient réglées par la coutume, et en aides gracieuses, ces dernières fournies plus particulièrement par les vassaux et votées librement par eux (1).

Par les aides gracieuses, le principe du consentement des contribuables à l'impôt, en germe sous les Mérovingiens et sous les Carlovingiens, où les assemblées des grands et du

____

(1) Voir Du Cange au mot *Auxilia*, où cette question des aides est traitée avec autant de sagacité que d'érudition.

clergé souscrivaient à des levées d'impôts extraordinaires, se maintient dans la législation fiscale. C'est encore bien peu. Mais l'importance des aides augmentera avec les besoins sans cesse grandissants de la royauté, qui, pour y subvenir, notamment durant certaines périodes de la guerre de Cent Ans, se verra contrainte d'adresser d'émouvants appels aux Etats généraux et aux Etats provinciaux. La fonction créera l'organe.

Nous reviendrons souvent sur cette question de l'aide, qui est d'une importance considérable pour les finances de l'époque, puisqu'on s'accorde à voir dans les aides l'origine de l'impôt proprement dit.

Enfin une étude complète de l'aide féodale nous est nécessaire pour une démonstration que nous croyons être le premier à faire : à savoir que, dans l'esprit de la royauté, le droit à l'aide s'étendra au prêt, qu'en vertu de ce principe elle imposera au besoin, et que c'est sous le couvert de l'aide féodale que les rois de France, surtout Philippe III, Philippe le Bel et ses successeurs, contracteront de nombreux emprunts volontaires ou forcés (1).

7° Exactions (*exactiones*). — Les exactions se distinguaient des aides en ce qu'elles n'étaient ni consenties par les sujets ni réglées par la coutume. Il était fait cependant parfois mention d'exactions gracieuses; elles se confondaient avec les aides, dont nous venons de parler.

Parmi les exactions figure en première ligne la taille (*talia*, etc).

Les historiens sont loin de s'accorder sur l'étymologie du mot taille. Les uns prétendent qu'il vient du verbe *tallerare*, *talliare*, qui signifie partager, diviser; d'autres l'attribuent aux tailles ou morceaux de bois dont les collecteurs se servaient, comme le font encore certains commerçants pour marquer ou les fournitures faites ou les sommes reçues ; mais cette dernière étymologie semble avoir en vue plutôt la taille royale de Charles VII. Championnière, considérant la taille arbitraire comme l'une de ces exactions dont les populations avaient été les victimes durant les désordres sociaux, qui précédèrent et déterminèrent la formation du

____

(1) Voir notre ouvrage: *Finances féodales et royales.*

régime féodal, suppose, par une hypothèse ingénieuse, que les mots *et talia* ou *et alia*, ajoutés, dans quelques actes, à la suite d'une longue énumération de diverses exactions, finirent par désigner celle qui les résumait toutes : l'exaction par excellence, la *taille*. M. Clamageran ne repousse pas cette conjecture; mais il se demande si, comme nous le disons plus haut, *tallia* ne viendrait pas plutôt de *talliare*, pris dans le sens de diviser, comme *tributum* de *tribuere*. « Quoi qu'il en soit, dit-il, le nom apparaît pour la première fois dans les actes du xi° siècle; la chose existait sans doute dès le siècle précédent (1). »

Dans certaines chartes, la taille est appelée *tolte* (*tolta*).

On distinguait les tailles *réelles* et les tailles *personnelles*. Les premières se subdivisaient en tailles d'*exploitation* (agricole) et en tailles d'*occupation* (assises sur les maisons ou corps de ferme); elles étaient levées en argent ou en fruits.

Les secondes représentaient des services et corvées auxquels les taillables étaient assujettis.

Pour apporter quelque clarté dans cette question complexe de la taille, nous distinguerons tout de suite la taille payée, durant le moyen âge, par les serfs, et celle à laquelle étaient astreints les roturiers. Ce n'est que plus tard que nous aurons à parler de la taille, impôt établi par Charles V et par Charles VII.

Les serfs étaient soumis à la taille *ad voluntatem, ad placitum*, à la volonté, au bon plaisir du seigneur. On connaît la vieille et célèbre formule, dont nous ne donnons ici que la partie qui intéresse la question : les serfs étaient taillables à merci. On disait encore qu'ils étaient taillables haut et bas. Par tradition de l'esclavage romain, le serf était considéré comme appartenant corps et biens à son maître.

Comme la perception, le taux de la taille était arbitraire.

En général, cependant, la taille n'était levée par le seigneur sur les serfs de sa terre qu'une ou deux fois par an. En outre, la taille à plaisir ou à volonté était remplacée dans cer-

____

(1) *Histoire de l'Impôt en France*, p. 200. Une charte de 1060, la range au nombre des coutumes injustes: *quasdam injustas consuetudines taliam videlicet et omnes alias oppressiones... dimisi*. Du **Cange**.

tains pays par la taille « raisonnable ou par composition et abonnage à certaine somme du vivant du sujet » (1). Il y avait la taille de *commande*, qui était de 12 deniers et ne se levait qu'une fois l'an.

On sait qu'à la mort du serf le seigneur s'emparait de tout ou partie de ses biens, selon les coutumes ou les titres des seigneurs (droit de *taille mortaille*).

On distinguait la taille *serve* ou *servile*, payée par le serf, faisant perdre la franchise, et la taille *franche*, qui ne rendait point la personne serve (taille des aides, dont il est question ci-après).

La taille annuelle payable par le serf était la taille *ordinaire*, par opposition à la taille *extraordinaire*, dont les vassaux libres n'étaient pas exempts, et qui n'était autre que l'aide aux quatre cas.

M. Léopold Delisle (2), à ce propos, insinue que, dans le sens primitif des mots, l'*aide* désignait peut-être la contribution et la *taille* la manière de l'asseoir, mais que dans l'usage ces mots étaient souvent pris l'un pour l'autre.

Il y avait entre la taille et l'aide des différences fondamentales. L'aide, dit Du Cange au mot *auxilium*, différait de la taille en ce que celle-ci dépendait de la volonté du seigneur et pouvait être levée par lui pour quelque besoin que ce fût sur ceux de ses vassaux qui y étaient soumis, tandis que l'aide ne pouvait être exigée que dans les cas prévus par les coutumes. En outre, tous, nobles et non nobles, étaient soumis à l'aide, alors que les nobles et les ecclésiastiques étaient exempts des tailles. Toutefois les nobles qui se livraient au commerce et à l'industrie, pour les magasins qu'ils n'habitaient pas, les clercs mariés, pour leurs biens, étaient soumis à la taille réelle.

La taille serve était un droit tellement exorbitant qu'il ne put résister à l'adoucissement des mœurs publiques et aux premiers progrès de la civilisation: il fut modifié, transformé et en grande partie supprimé à la suite de l'établissement des communes et de l'affranchissement des serfs.

---

(1) DE LAURIÈRE. *Glossaire.*
(2) *Des revenus publics en Normandie,* ch. IV.

Les *oblationes* (1), *subsidia* (2), *focagia* (3), *roga* (4), *questa* (5), *collata* (6), etc., sont des formes variées de l'exaction ou présentent le caractère de l'aide.

Aux exactions il faut rattacher les droits sur les juifs, appartenant au seigneur, comme les serfs, mais en dépendant d'une manière bien plus absolue, puisque les serfs jouissaient de certains droits, alors que les juifs n'en avaient littéralement aucun.

8° *Prestations diverses.* — Les unes, consacrées par la coutume, se rapportent au droit qu'avaient les seigneurs, leur suite ou leurs représentants d'être logés et nourris pendant leurs voyages (7). Sous les deux premières races, ce droit s'appelait *mansio, jus mansionaticum, jus cœnaticum, paratæ.* Sous la féodalité, le *jus mansionaticum* prend le nom de *procuration,* puis celui de *droit de gîte.* On l'appelle encore droit *de visite, de past, d'hospitalité, d'héberge-*

---

(1) « *Munera quibus tenentes dominos suos in certis occasionibus prosequi tenebantur.* Du Cange. Il y avait chez les Gallo-Romains l'*oblatio pecuniarum.*

(2) *Subsidia caritativa dicuntur diœcesana episcopi vectigalia quæ honestius accipi quam peti possunt,* etc. Du Cange. Le qualificatif *caritativa,* qui, dans les documents de l'époque, accompagne parfois le mot *auxilia* ou *subsidia,* s'applique surtout aux aides sollicitées par l'Eglise.

(3) Fouage. Nous en avons parlé.

(4) *Roga : exactio, prestatio sub nomine precationis.* Du Cange. De là vient le nom de *Revoucan* et *Revouage,* tenant de l'aide féodale et de l'*oblatio.*

(5) La queste : secours exigé en certaines circonstances. Ce mot était dans ce cas synonyme d'aide.

En vertu du droit de queste, le seigneur taillait ses hommes soit francs, soit serfs. Queste courante, taille ordinaire ; queste abonnée, taille abonnée.

La queste était encore le droit payé par le questal ou questeau (*questalis*), à l'origine le colon et le serf attachés à la glèbe, par opposition au *ceiseau* (*censualis*), qui devait un simple cens.

Enfin la queste était « une rente générale uniforme, communément payée pour raison de toute une paroisse ou de tous les ténements et terres d'une baronnie par les habitants d'icelle ; pour le payement de laquelle chacun des habitants contribue pour la quantité des terres qu'il a pris ou tient autrement » De Laurière. *Glossaire.*

(6) *Vectigal, tributum quod ab universis subditis domino confertur.* Du Cange.

(7) *Metatum* ou *munus hospitis, hospitalis molestia* des Romains : obligation de loger les fonctionnaires civils et militaires, les *legati* et *adlecti,* personnages envoyés par le prince, appelés par lui ou vers lui délégués, qui devaient être défrayés de toutes leurs dépenses de route et auxquels on devait fournir des moyens de transport.

ment, etc. Le droit de gîte n'était dû primitivement au roi ou au seigneur que dans les lieux où ils n'avaient pas de maison à eux.

Dans le Midi, nous trouvons *l'albergue*, tenant du droit de gîte ou, d'après le Dictionnaire de Lacurne, du droit de fouage. Tous les ans, le seigneur, avec un nombre tantôt déterminé, tantôt indéterminé, de gens de sa suite allait, à un jour fixé et plus souvent à son choix, prendre un ou deux repas dans certaines localités. Parfois les vassaux étaient en outre tenus de compter quelques sols au chevalier « après le souper et avant qu'il se levât de table ». La somme reçue, le seigneur était obligé de déguerpir incontinent, si les vassaux ne l'autorisaient pas à prolonger sa visite.

A la fin du xiie siècle, le droit de gîte, du consentement de tous les intéressés, prince, seigneur, qui l'exerçaient, églises et villes qui le devaient, fut souvent converti en une redevance pécuniaire, régulière et fixe. Le droit de gîte n'en subsista pas moins pour les villes qui ne l'avaient point racheté ; les rois ne manquaient pas d'en user et abuser, quand leur cassette était vide ou pour se constituer des réserves en vue d'onéreuses entreprises.

Au droit de gîte on joignait le droit de prise, en vertu duquel on prenait tout ce qui était nécessaire pour la dépense du roi ou du seigneur et de la suite : blé, vin, légumes, fruits, volaille, animaux, linge, armes, voitures, chevaux et fourrages nécessaires à leur subsistance. Cette exaction donnait lieu aux abus les plus grands. Aussi provoquait-elle généralement les plaintes des populations, souvent dépouillées par les gens de service de la cour. Elle fera, dès le milieu du xiiie siècle, l'objet de nombreuses ordonnances dont nous parlerons (1).

Comme le droit de gîte, le droit de prise était exercé par la reine et la famille royale ; les grands officiers de la couronne, les connétables, les maréchaux, etc, y prétendaient également.

Souvent le roi ou le seigneur se bornait à prendre les ob-

____

(1) Voir notre ouvrage : *Finances féodales et royales,*

jets,dont il avait besoin,à un prix déterminé:*droit de prix* (1),
avec un délai fixé pour le paiement : *droit de crédit* (*creditum, credentia*).

Aux droits de gîte et de prise s'ajoutait celui de prêt forcé
(*mutuum coactum*). Quand les augustes voyageurs avaient
de pressants besoins d'argent, ils exigeaient des prêts, avec
l'engagement de les rendre. Nous suivrons avec le plus vif
intérêt les prêts de cette nature, qui ont échappé aux historiens de notre dette publique (2).

D'autres prestations, usurpées dans le principe, sont consacrées par une coutume récente. Tels sont les cadeaux
(*dons et oublies*) (3) : pain, volaille, bois à brûler, etc., la
brennée, obligation de nourrir les chiens de chasse du seigneur, qu'on appelait aussi droit de *caninage*. Le caninage
était encore un droit dû au seigneur par les paysans pour la
permission qu'il leur accordait d'avoir des chiens chez eux.

Le cens, les dîmes et les droits sur les récoltes avaient une
assiette spéciale ; les aides et les exactions avaient une assiette générale, étant établies, non sur tel ou tel revenu, mais
sur l'ensemble des revenus des contribuables; les prestations,
minutieusement déterminées dans leur objet,n'avaient aucune
assiette fixe, si ce n'est la possession d'une propriété quelconque.

§ 2. Droits sur les personnes et sur leur travail.

1° Chevage ou capave (*capagium, cavagium, quivagium*, etc., chef, cap, abréviation de *caput*, tête) (4).— Nous
avons dit que c'était un cens *personnel*, par opposition au

----

(1) Chez les Romains, *publica comparatio*: vente forcée, au prix
courant, des dendrées à la suite de l'empereur ou aux hauts fonctionnaires de passage.

(2) Voir notre ouvrage: *Finances féodales et royales*.

(3) Nous avons dit, page 25, ce qu'étaient les oublies. Chez
les Romains, *oblia*: pâtisserie légère.

(4) Chevage plutôt dans le Nord, capage plutôt dans le Midi, où
l'on dit *cap* pour tête. Vieille expression française: cap à cap pour
tête à tête.

Chez les Gallo-Romains: *capitatio humana ou plebeia*, impôt payé
au fisc romain par tous les non-propriétaires et les non-décurions:
esclaves, colons, ou ouvriers, gens de métier sans héritage.

cens *réel*, dont nous avons parlé. Aussi sera-t-il payé surtout par les non propriétaires.

Il y avait plusieurs droits de chevage ou capage.

C'était un cens levé, tous les ans, sur les serfs ; il était
ordinairement de quatre deniers par an ; les femmes serves
en acquittaient la moitié, comme durant la période gallo-romaine les femmes des colons et serfs payaient la moitié de
la *capitatio humana* ou *plebeia*. Droit de *commande* (en
Berry), droit annuel de deux deniers parisis, payé par les
veuves de condition serve, en raison de la protection à elles
accordée par le seigneur. Il y avait un autre **droit de commande**, qui était de quatre deniers et payé par les femmes
serves « mariées à autre qu'a ceux de la condition et servitude du seigneur » (1).

Au droit de chevage étaient encore astreints les marchands
et manouvriers sans héritage.

L'origine du chevage explique qu'en Vermandois et en
Champagne un droit de douze deniers parisis fut levé « sur
chacun chef, marié ou veuf, qui sera bâtard, espave ou aubain (2) », assujettis d'abord au servage.

Dans certains pays, les bourgeois, aussi bien que les seigneurs vis-à-vis de leur suzerain, étaient soumis à la capitation d'un denier. « Franq origine, sainteur et *chevage* signifient la même chose (3) ».

Enfin, dans la Provence, le *capage* désignait l'impôt par
feu.

Il y avait d'autres droits sur les personnes. Droit de *mortemain* perçu sur les ladres. « Comme les seigneurs confisquaient les biens de ceux qui étaient décédés intestats ou
déconfès, ils s'avisèrent de lever sur ces malheureux le droit
de morte-main... comme si la personne fut morte sur tel
état ; que si iceluy ladre revient en santé, faire ravoir le devra, néanmoins après sa mort devra être pris morte-
main » (3).

____

(1) DE LAURIÈRE. *Glossaire.*
(2) DE LAURIÈRE. *Glossaire.*
(3) DE LAURIÈRE. *Glossaire.*

2° Corvées (*servitia*) (1). — Les corvées étaient dues par les tenanciers libres et les mainmortables à cause de leur personne (corvées *personnelles*), ou des héritages qu'ils détenaient (corvées *réelles*). Les bourgeois étaient astreints à d'autres devoirs, entre autres le droit de jurée qui était (en Brie) « par an, de six deniers pour livre des meubles et de deux deniers des immeubles, s'il n'y avait abonhage, comme de dix sols par an (2). »

Nous diviserons la question des corvées en transports, *angaries*, charrois, et en travaux, *corvées* proprement dites.

a) Angaries et parangaries (*angariæ* et *parangariæ*) (3).

Pour les transports, on distinguait, lit-on dans Du Cange, les *angariæ : jumentorum vel plaustorum præstationes et quidem per viam directam*, et les *parangariæ : jumentorum vel plaustrorum præstationes per viam transversam sive extra viam regiam :* les angaries : fourniture de chevaux et de chariots pour les transports sur les routes de grande communication, et les parangaries : fourniture de chevaux et de chariots pour les transports sur les chemins de traverse ou en dehors des routes royales. Droit de *bouade, rouade, bohade, vinade.* La vinade entière était le service de deux paires de bœufs et d'une charrette, à la différence de la bouade, qui n'était que d'une paire de bœufs ou d'une charrette.

b) Corvées (*corvatæ*) (4).

---

(1) Le mot *corvées* est presque le seul employé avant la Révolution pour désigner ces travaux ; ils commencent à être appelés *prestations* dans la *Somme rurale* de Jehan Boutillier, imprimée en 1479.

(2) De Laurière. *Glossaire.*

(3) Chez les Romains, d'après J.-J. Clamageran : *res vehicularis*, obligation de fournir les chevaux, mulets ou bœufs nécessaires aux transports que l'on divisait, en :

1° *Cursus vehicularis*, mode de transport rapide. Les chevaux pour les grandes routes étaient désignés sous le nom de *veredi* et de *paraveredi* quand ils devaient servir sur les routes de traverse.

2° *Cursus clabularis*, sorte de roulage. Les bêtes pour les grandes routes s'appelaient *angariæ*, et *parangariæ* quand elles servaient sur les routes de traverse. On devait aussi fournir des chariots (*plaustra*) et le personnel pour effectuer les transports.

Cependant les mots *angariæ* et *parangariæ* servaient surtout à désigner les transports lourds.

(4) Durant la période gallo-romaine, c'étaient les *aquæductus, riarum munitiones*, etc.

Les corvées proprement dites s'appliquaient, les unes, à l'exploitation du domaine seigneurial réservé, dont les hommes du fief étaient tenus de labourer les terres (droit de *socade*), de couper le bois, de faucher les foins, les blés, de vendanger les vignes, de curer les fossés, de réparer les bâtiments, etc.; les autres, à des travaux d'utilité publique : construction ou entretien du château seigneurial, des routes, ponts, quais, édifices publics, clôture des villes, etc.

Rappelons que les serfs étaient corvéables à merci.

Les corvéables étaient convoqués à certaines époques de l'année par la proclamation du *hauban ;* il y avait une amende pour les retardataires.

On appelait encore *hauban* la somme versée pour le rachat des corvées.

« Le hauban, dit Brussel (1), est une redevance que les gens de métier des principales villes du domaine royal payaient annuellement pour se rédimer des corvées, droitures et coutumes que le prévôt de la ville eût pu exiger d'eux à titre d'ouvrages publics. »

Le hauban était donc la *submonitio ad opera vel ejus redemptio pecuniaria*, comme dit Du Cange: la convocation pour faire les corvées ou leur rachat à prix d'argent. Il y avait encore un autre hauban, rappelant la contribution spéciale de la patente, dont nous parlons plus loin.

Dans les corvées rentrent quelques obligations militaires à remplir par les roturiers. Nous les mentionnons plus loin, en traitant la question du service militaire.

<h3 style="text-align:center">§ 3. — DROITS SUR LES ACTES DE LA VIE COMMERCIALE ET INDUSTRIELLE.</h3>

Péages et tonlieux. — D'origine romaine, ces droits sont maintenus sous les deux premières races. Les opérations de l'assiette et de la perception des impôts indirects romains durent paraître compliquées aux Francs, qui préférèrent les péages et les tonlieux, d'un mécanisme plus simple. Nous allons voir les seigneurs s'ingénier à les multiplier sur leurs terres.

____

(1) De l'usage des fiefs, liv. II, chap. XXXVII.

Souvent, dans le langage fiscal de l'époque, les mots péages et tonlieux s'emploient indifféremment pour désigner des doits de passage ou de vente sur les marchandises (1). Par péages on entend plus particulièrement les premiers et par tonlieux les seconds.

1° Péages (2). — Droit de *péage* proprement dit ou de *passage*, droit de *calciage*, *cauciage* (3), droit de *travers*, de *trespas*, sur les hommes, sur les bêtes chargées ou non et les marchandises transportées en divers pays ; droit de *barrage* (4), qui se percevait à un endroit du chemin fermé par une barre ou aux barrières des villes. Il s'y ajoutait quelquefois un droit de *bastage*, sur le bât de chaque bête chargée ou non. Droit de *rouage*, pour le dommage causé par les roues; droit de *pulvérage* (5), sur les troupeaux de moutons, de brebis, passant sur les terres de la seigneurie. Droit de *pontonnage*, au passage d'un pont ou sous un pont.

Le droit de *quayage* s'appliquait à toutes marchandises déchargées sur les quais ; on payait encore un droit de *quayage* pour avoir la liberté de se servir du quai.

Le transport du sel donnait lieu au droit de *salage*, quantité de sel prise par le seigneur sur chaque bateau chargé de sel passant sous les ponts, de *manée de sel*, perçu sur le sel apporté dans la seigneurie.

Mais c'est sur les boissons que des taxes de toute sorte s'accumulaient. De Pastoret, dans la préface du tome XVI du Recueil des Ordonnances, p. 50, en donne une énumération à laquelle nous en ajoutons nous-même quelques-unes (6).

---

(1) En voici, croyons-nous, l'explication. Le mot *tonlieu* vient du grec τελος, τελωνιον et du bas-latin *teloneum*, signifiant péage.

(2) *Peagium, pedagium*, etc. Du Cange.
Chez les Romains: *portoria, scriptura*, comprenant non seulement les droits de douane dans les ports, mais encore les péages perçus à l'intérieur, au passage des ponts, le long des routes.

(3) De *calcare*, marcher. *Calcagium*. Du Cange. Ainsi appelé surtout dans la banlieue parisienne.

(4) *Barragium*, de *barra*, barre.

(5) De *pulvis*, poussière.

(6) Cette énumération réunit tous les droits auxquels donnaient lieu le transport ou la vente des vins.

Droit général de *vinage* « qui est dû pour et au lieu de censives sur vignes et se doit payer à bord de cuves et ne peut le détenteur tirer son vin sans premièrement avoir payé iceluy droit (1) ». On appelait encore *vinage* un droit sur le déplacement et le transport des vins. Droit de *liage*, pris sur les lies des vins qu'on vendait en détail. Droit de *cellérage*, sur les vins qu'on mettait en cellier ; de *chantelage*, sur tous les vins vendus en détail ou en gros au chantier des caves et celliers. Droit de *rouage*, sur le vin vendu en gros et transporté par chariot ou charrette, payable avant que la roue tourne. Droit de *traisnage*, dû par le tavernier sur une pièce de vin, vendue à un habitant de la seigneurie et qui n'était chargée ni sur une charrette, ni sur un chariot, mais roulée ou traînée. Droit de *mueson*, pour le mouvement donné aux vins par leur transport chez ceux qui les achetaient. Un droit de *limonage* était perçu sur les voitures qui transportaient les vins. Droit de *botage* ou *boutage*, perçu, dans les villes de Bourges et de Dun-le-Roi, sur tout le vin vendu dans l'étendue de la seigneurie, et étendu à la vente des bières et autres boissons; il ne paraît pas différent de celui que certaines coutumes appellent *forage* ou *afforage* (ouverture avec un foret); droit de *billots* ou *billos*, en Bretagne; le droit de *jalage*, *jallaye*, *jalée*, est peu différent de ceux-ci. Droit de *vins et ventes*, payé au seigneur par l'acquéreur d'un héritage censuel.

Enfin des droits étaient mis sur les vins produits dans d'autres provinces ou d'autres seigneuries. Droit de *vientrage*, ou *ventrage*, pris sur le vin entré dans la terre du seigneur; etc.

Aux droits sur le transport des vins ajoutons les suivants. Droit de *rivage*, perçu par le seigneur sur les vins et autres marchandises,qui abordaient dans les ports de la seigneurie. Droit de *pillage*, *pallage* (2), etc., par muid de vin chargé ou déchargé sur les bords du fleuve.

---

(1) DE LAURIÈRE. *Glossaire.*
(2) De *appellere*, appeler.

Mentionnons le droit de *gambage* (*camba*, brasserie), dû en nature au seigneur par les brasseurs de bière à raison de 4 pots par brassin.

Enfin rappelons le droit de *bohade* ou de *vinade*, dont nous avons parlé et qui était moins un droit en argent qu'une obligation de charrier le vin du seigneur.

Dans la plupart des villes, des droits étaient levés à la sortie et à l'entrée des marchandises. Sans s'inquiéter de leur qualité, on percevait tant de deniers par ballots, par charge de cheval, de mulet, d'âne, de colporteur, etc.. Le refus de payer avait pour sanction la saisie immédiate des marchandises.

La personne elle-même du juif était soumise à ces droits ; il payait même plus cher, s'il portait avec lui sa lampe, et ses livres hébreux étaient tarifés.

Ces redevances étaient destinées à couvrir les seigneurs de leurs frais de construction et d'entretien des routes, ponts, ports, et constituaient une de leurs principales ressources.

Les seigneurs devaient, en outre, assurer la sécurité des voyageurs. Si un homme était détroussé en chemin public, le seigneur devait le rembouser; il n'y était point tenu si le voyageur était attaqué *avant soleil levé* et *après soleil couché*.

Mais, pour quelques arrêts consacrant cette jurisprudence, combien de brigandages commis par les seigneurs eux-mêmes sur les trafiquants et les voyageurs !

Aux péages nous rattacherons les droits de douanes, qu'on appelait alors droits de *traite foraine* (1).

On trouve des douanes en France dès les premiers temps de la monarchie. Ces droits figurent même parmi les plus anciennes des contributions indirectes (comme on dirait aujourd'hui), alimentant le fisc royal. Sans caractère économique, ils n'ont, à l'importation ou à l'exportation, d'autre objet que de procurer des ressources au Trésor.

Les hauts feudataires s'emparent des douanes perçues dans les ports de leur domaine.

---

(1) De *foras*, dehors.

Les droits de douane ne se lèvent pas seulement dans les ports et aux frontières de terre, mais encore à leur passage d'une province à l'autre. En Berry, droit de *traite*, sur chaque charrettée de marchandises qui sortent de la seigneurie.

Ce sont ces douanes intérieures que les ministres réformateurs du XVIIe siècle s'appliqueront à faire disparaître et que supprimera le décret des 30, 31 octobre-5 novembre 1790.

2° Tonlieux (1). — Des droits de tonlieu sont prélevés sur les marchandises dans les marchés et les foires des villes, grandes et petites (2).

C'est un droit seigneurial payé pour la place occupée par le marchand : droit de *plaçage*, de *hallage*, d'*estallage*, d'*estellage*, d'*establage*, de *taulage* (3), levé sur les marchandises mises en vente sous les halles, sur les places, le long des rues, à la devanture des magasins, ou encore droit de *cohuage* (de *cohuc* ou marché), droit de *terrage*, sur les objets

---

(1) Tonnelieu, coutume de Péronne ; toulieu, Normandie, Bourbonnais, etc ; thonneu, Châlons. *Telon, teloneus, teloneum, toll, tolnatum, taulagium*, etc. Du Cange.

Chez les Romains : *centesima rerum venalium*, établi par César après les guerres civiles et levé sur les denrées apportées dans les marchés.

(2) « Il n'y avait guère de petite ville, quelque petite qu'elle fût, qui n'eût son marché. (Emile Levasseur. *Histoire des classes ouvrières*, t. Ier, p. 359.)

(3) Ce droit s'appelle ainsi surtout dans le Midi. Le *Recueil des Ordonnances royales*, t. IV, page 23, note ce ,donne l'origine ci-après du mot taulage : « Ce mot (*taulagium*) qui n'est pas dans Du Cange peut venir de *Tholl*, qui signifie l'impôt nommé tonlieu. Voir du Cange au mot Telon. »

Rectifions deux erreurs contenues dans ces lignes.

D'abord Du Cange donne bien le mot *taulagium* qu'il traduit : *Taulagium*, Gall. tonlieu.

Ensuite taulage ne vient pas de Tholl, mais de *tabula*, table, banc de marchand. Pour s'en convaincre, il suffit d'enlever de *tabula* le *b*, qui a disparu dans le mot roman *taulo*, table (prononcez l'*u ou* comme les Romains d'autrefois, comme les Italiens ou les Espagnols) et l'on a taula : d'où taulage.

Le taulage était donc un droit, payé pour le banc généralement fourni au marchand par la ville ou à cause de la place occupée par ledit banc. Du Cange lui-même nous en fournit la preuve dans les lignes suivantes : *Quilibet mercator extraneus habens trossellum vel plures troussellos in dictis nundinis pro introitu et exitu et Taulagio et pro leudâ det quator denarios Tolosanos (Litt. Philippi pulchri, Franc. Reg. ann.* 1291) : Tout marchand étranger, ayant un ou plusieurs trousseaux dans lesdites foires, donnera pour l'entrée et la sortie et le taulage et la leude quatre deniers toulousains.

étalés à terre, droit de *piquage*, payé pour obtenir l'autorisation de planter en terre des pieux destinés à soutenir des échoppes ; droit d'*échoppe*. Droit d'*hostelage*, payé par les marchands forains et étrangers pour le louage des boutiques, ouvroirs, dans lesquels ils étalaient les marchandises à vendre.

Parfois le tonlieu est un droit sur les marchandises elles-mêmes, mises en vente. Il y a le tonlieu des draps, des cuirs, de la friperie, etc.

Droit de *bichenage* (proportionnel) sur tous les grains et autres fruits de la terre se mesurant au boisseau; il dispense généralement de tout autre droit.

Enfin le fisc seigneurial intervient au moment de la vente. Généralement vendeurs et acheteurs paient chacun un droit.

Droit de *sextillage, sextellage, stellage* (1), *minage* (2), à tant la mesure, sur les grains vendus; ce droit est étendu parfois aux grains vendus dans les greniers ou ailleurs.

Le droit, perçu à la vente est appelé dans certains pays du nom générique de *coutume* (3), parce que le tarif est fixé par les coutumes des lieux. Il y a la *petite* et la *grande coutume* des denrées et des bêtes vendues; elles diffèrent uniquement quant au tarif. La grande coutume est par exemple de quatre derniers par bœuf et la petite d'un denier seulement.

Presque aucune bête n'échappe à la taxation. « Et par la dernière Coutume de Boulenois, art. 35, (le tonlieu) est de quatre deniers du vendeur et autant de l'acheteur pour chacune beste chevaline, bœuf ou vache, ou d'un denier pour chaque beste blanche, sçavoir une maille pour le vendeur et autant pour l'acheteur ; et pour le pourceau, un denier pour le vendeur, et autant pour l'acheteur, que chacun d'eux sont tenus payer dans le soleil couchant. »

Comme nous l'avons vu plus haut pour les grains, le droit sur la vente des animaux est quelquefois perçu hors du marché. Droit de *moutonnage* prélevé sur les bêtes à laine, droit

---

(1) *Sextariaticum, sextariale*. D'où est venu setier.
(2) De *mina: mensura frumentaria*. Du Cange.
(3) Le nom de coutume servait également à désigner des droits de péage et de nombreux droits, réglés par la coutume.

de *coutume* sur les autres bêtes à quatre pieds, qui se vendent ou s'achètent dans la seigneurie.

Dans le Midi, où prévalent les noms de *laudes, leudes,* nous voyons que ces droits sont généralement payés par l'étranger, soit à la vente, soit à l'achat, de manière à favoriser les habitants de la ville.

En plus des droits particuliers, il y a des droits généraux : droit d'*accise*, arbitrairement imposé par quelques seigneurs sur tout ce qui se vend dans les marchés de leur territoire ; droit de *levage*, exigé par le seigneur haut-justicier sur les denrées ayant séjourné huit jours dans son fief et vendues pour être transportées hors du fief; droit de *maille* (1) *d'or*, que perçoivent les ducs de Nivernais pour la garde d'une foire: droit de *maille billeron* dans le Berry (2).

Enfin, entrée, sortie des marchandises, droit de taulage ou de plaçage et de leude donnent parfois lieu au paiement d'une taxe unique, comme dans l'exemple que nous venons de citer.

Si l'on a pu dire avec raison que, sous la féodalité, il n'y a rien que les seigneurs n'aient tâché de s'approprier, que tout leur est prétexte pour spolier, ruiner les habitants de leurs terres, cette réflexion est surtout applicable aux péages et aux tonlieux, qu'ils instituent sur tous les points du territoire, arrêtant ainsi tout essor de l'industrie et du commerce. Dans certains pays, chaque ville, chaque bourg, avec ses foires et ses marchés, chaque route, chaque pont, chaque rivière, devient, pour les commerçants et les voyageurs, une sorte de coupe-gorge où on les rançonne à discrétion.

3° Droits sur l'industrie et le commerce. — L'industrie était peu développée dans les premiers temps de la féodalité. Le seigneur était considéré comme le maître des métiers. Pour avoir le droit d'en exercer un, il fallait lui payer une somme ou une redevance annuelle en argent ou en nature.

____

(1) De *medalia*, médaille. Il y avait un grand nombre de mailles de valeurs différentes.
(2) De Laurière. *Glossaire.*

On *achetait* un métier au seigneur, qui le *vendait* à celui qui voulait l'exercer.

« Nul ne peut estre talemeliers ne regratiers de pain..., revendières de sel, à mines ne à bousiaus, ne pulaliers, ne poissonier de mer ne d'yaue douce, ne tanneur, ne sueur, ne bourlier, mégeicier, ne baudrier, ne vendeur d'algrun, ne serpiers, ne cordoaniers, ne seliers, qui ouvre de *cordouan*, ou vendeur de seles, ne fevre, ne mareschal, ne serruriers, ne greffiers de fer, ne veuliers, ne haumiers, ne grossiers, ne cousteliers, ne tiesserans de linge ne de langé, ne tapissiers de tapis n'autres, se il n'achète le mestier du roy ou commandement de ceux aux quiex li rois le donne (1)... »

Les industries étaient souvent concédées en fief.

Pour les fournitures faites au seigneur, autres que les produits, dus selon la convention, l'artisan, par suite de la rareté du numéraire, recevait souvent en fief une concession de terre, une charge, etc.

Ensuite quelques métiers payaient un droit d'exercice.

Sur les gens de métier des principales villes du domaine royal on percevait une redevance, appelée le *hauban* (*halbanum*) (2), qui n'est pas sans rapports avec notre patente.

Le talemelier ou boulanger paie un hauban annuel de 6 sols parisis; le regratier qui vend pain et fruits, 3 sols ; les sauniers et saunerettes « qui vendent sel annuel ou à bousiaus à fenestres, ou à estal », 3 sols ; le boucher, 6 sols ; le pêcheur, 3 sols ; le maréchal, s'il travaille dans la rue, 6 sols, et en est quitte pour 3 sols, s'il travaille chez lui ; les sueur, baudroier, bourcier et megeiscier, 3 sols, tanneurs, 9 sols, s'ils découpent, et 6 sols, s'ils ne découpent pas; pelletier, 6 sols et 8 deniers ; gantier, 3 sols et 8 deniers ; foulon 6 sols (3).

A Paris, le hauban, patente, se percevait originairement en nature : il consistait en une certaine quantité de vin, que

---

(1) DE LAURIÈRE. *Glossaire.*

(2) *Halbanum* (et *Haubannum*), *tributum, quod pecuniâ aut rebus ipsis a quibusdam artificibus pro licentiâ artes suas exercendi Regi exsolvabatur.* DU CANGE.

(3) DE LAURIÈRE. *Glossaire.*

devaient livrer aux échansons du roi certains commerçants
et industriels. Plus tard, il fut converti en une taxe pécuniaire.

« Tous les mestiers de Paris ne sont pas haulbanniers,
ne nul ne peut estre haulbannier se il n'a esté, et est du mestier, qui ait hautban ou se le rois ne lui ottroie par vente ou
par grâce (1). »

Les métiers haubaniers étaient divisés en trois classes :
celles qui devaient le plein hauban ou hauban entier payaient
6 sols ; celles qui ne devaient que le demi-hauban, 3 sols ;
et enfin celles qui devaient le hauban et demi, 9 sols (2).

§ 4. DROITS SUR LES ACTES DE LA VIE CIVILE.

1° Droits de mutation sur les propriétés. — Nous traitons plus loin la question des droits de mutation sur les
propriétés roturières et seigneuriales.

Les serfs avaient la disposition de leurs biens entre vifs,
mais seulement au profit des personnes de leur condition.
Pour ce qui était de leur droit de tester, il était loin d'être
uniformément réglé par la législation féodale (3). Ici, les
serfs ne pouvaient tester; là, comme à Laon, ils le pouvaient jusqu'à concurrence de 5 sols; leur succession revenait primitivement au seigneur en vertu du droit de *mainmorte*. Au xii° et au xiii° siècle, les affranchissements de
serfs tendirent à faire disparaître ce droit excessif, dont la
rigueur avait d'ailleurs été adoucie (4).

-----

(1) Lettres de Philippe-Auguste de 1201. *Ordonnances royales.*
T. Ier, p. 35. STÉPH. BOILEAU, cité par du Cange.
(2) *Vel amplius.* Lettres précitées de Philippe-Auguste.
(3) On distinguait, à côté des mainmortables de corps, frappés
d'une incapacité absolue, les mainmortables d'héritage, dont les
immeubles seuls étaient indisponibles, et qui d'ailleurs devenaient
francs en les abandonnant, et les mainmortables de meubles, qui
n'étaient incapables que pour leurs biens mobiliers.
(4) Dans certaines contrées on tournait la règle primitive au
moyen de communautés *tacites* ou *taisibles*; on admettait que,
la famille du serf, dont tous les membres vivaient sous le même
toit « à un même pain et pot » (d'où compains, compaignie) formait une personne civile, seule propriétaire des biens communs
et qui se perpétuait tant qu'elle durait, la mort d'un de ses
membres n'ouvrant aucune succession.
Dans certaines autres régions, les seigneurs, se rendant compte
de l'injustice qu'il y avait à se saisir des biens des serfs se conten-
taient d'une redevance, appelée *essongne ou essogne*, dont nous parlons plus loin.

Aux droits sur les successions nous rattacherons les droits sur les successions vacantes, qui appartenaient au seigneur (droit de *quenaise*). Le droit de deshérence, que nous trouvons dans la législation fiscale des Romains, avait appartenu aux rois des deux premières races : la féodalité en fit un droit seigneurial.

A ces droits il faut ajouter le droit d'aubaine (*albanagium* (1), de bâtardise (*bastardagium*),

On distinguait deux sortes d'aubains : ceux qui, Français, avaient quitté le diocèse, la seigneurie même, où ils étaient nés, pour aller se fixer dans une autre contrée, les regnicoles, et ceux qui, nés en pays étrangers, venaient s'établir dans le royaume ; ces derniers, lorsqu'ils avaient vu le jour « en lieu si lointain que l'on ne peut avoir connaissance de leur nativité (2) », étaient considérés comme épaves. Est-il besoin de dire que les aubains, appartenant à la seconde catégorie, étaient généralement plus durement traités que ceux de la première et devenaient, dans beaucoup de provinces, mainmortables de corps ?

Il y avait même une troisième catégorie d'aubains : les Français expatriés à l'étranger.

Sur les terres de servage, les aubains étaient indistinctement serfs de corps; au contraire de ces derniers, ils pouvaient aliéner au profit de n'importe qui. Quand ils décédaient, sans enfants légitimes, nés dans le royaume, vivant en société avec eux, leurs successions appartenaient aux seigneurs, comme les successions des hommes de corps, décédés sans enfants légitimes. Appliquant aux aubains le droit romain qui ne permettait pas aux étrangers de tester, les seigneurs ne tenaient aucun compte de leurs testaments. Bien que, dans d'autres provinces, les étrangers ne fussent point serfs de corps, quand ils mouraient intestats, leur succession appartenait au seigneur par droit de déshérence.

---

(1) *Alibi natus* ou plutôt *albanus* bas latin, qui viendrait de Albion. « Quelques-uns sont d'avis que les étrangers ont été ainsi nommez en France, parce qu'anciennement ils étoient presque tous Anglois, Ecossois, Irlandois. En effet ces peuples étoient autrefois de très grands voyageurs... » DE LAURIÈRE. *Glossaire.*

(2) DE LAURIÈRE. *Glossaire.*

Sur les terres de franchise, l'aubain conservait sa liberté native, mais dans des conditions qui différaient selon les pays. Dans le Midi, l'aubain avait la pleine capacité de droit civil ; il disposait de ses biens entre vifs ; sa succession était transmise à ses enfants. Dans le Nord, l'aubain devait, dans l'an et jour, *faire aveu* au seigneur ou à l'un de ses hommes de fief, c'est-à-dire lui jurer fidélité, se soumettre à sa justice. A défaut d'aveu dans l'an et jour, il devenait « esploitable au baron » (1). S'il décédait sans laisser 4 deniers à ce baron, tous ses meubles lui étaient acquis, par droit de confiscation. Au cas d'aveu en temps utile, le droit du seigneur se restreignait à la moitié des meubles de l'aubain, s'il y avait des héritiers.

Dans les pays d'obéissance le roi, l'aubain ne pouvait avoir d'autre seigneur que le roi. Puis l'usage s'établit, en plusieurs lieux, que l'aubain passait directement sous l'avouerie ou protection royale.

Quand les affranchissements commencèrent à faire disparaître le servage, la condition des aubains s'adoucit ; mais les seigneurs conservèrent sur leurs biens un droit de succession, droit d'*aubaine*, qui était de quatre deniers, payables avant que le défunt fût mis en terre (2).

On admet que, sous les deux premières races, les bâtards de princes et de nobles jouissaient de tous les droits civils, comme les enfants légitimes ; des bâtards de rois furent même admis au partage du royaume (3).

Hugues Capet ayant ordonné que les bâtards n'auraient plus aucun droit de succession au trône, ce changement dans le droit public porta ses conséquences dans le droit civil et on ne vit plus, dans les bâtards des roturiers, que des êtres isolés, auxquels la loi ne reconnaissait pas de fa-

----

(1) Etablissements de saint Louis, art. 87.

(2) On voit combien se trompe M. Alfred Joubert quand il écrit, dans son ouvrage : *La Rente et l'Impôt:* Les aubaines, véritables aubaines en effet, étaient nombreuses ; elles consistaient en successions vacantes, découvertes de trésors, etc. Nous n'aurions point relevé cette erreur si elle n'était trop fréquente.

(3) « Louis et Carloman, enfants bâtards de Louis le Bègue, furent couronnés rois, à l'exclusion de Charles le Simple, fils légitime de ce prince. » LOISEL, *Institutes Coutumières.*

mille. Ils furent assimilés aux aubains et tombèrent en beaucoup de pays dans le servage. On leur appliqua la même jurisprudence en matière de capacité civile. La coutume de Laon ne leur permettait, comme aux serfs, de tester que de 5 sols. Ils ne pouvaient hériter *ab intestat* de leur père ou de leur mère. La succession du bâtard revenait au seigneur par droit de mainmorte.

Cette législation était conforme à la tradition germanique.

Cependant, dès le xiiie siècle, les légistes reprirent la maxime romaine : *partus ventrem sequitur* ; l'enfant d'un père serf et d'une mère libre est libre. Entre le xiiie et le xve siècle, les bâtards cesseront d'être serfs dans toutes les parties du royaume, échappant à leur dure condition de la même façon que les aubains.

Le refus de se confesser entraînait la confiscation des biens, qui sera limitée par Saint-Louis à l'attribution des meubles du déconfés au seigneur.

Les seigneurs s'attribuèrent longtemps les biens de l'homme décédé subitement, une telle mort étant considérée comme une punition divine et n'étant pas d'ailleurs précédée de la confession du défunt. L'odieux de cette confiscation la fit remplacer par l'attribution d'une partie des biens meubles à l'Eglise, qui devait la distribuer en aumônes.

Aux droits sur les successions on peut rattacher le droit *d'amortissement*, acquitté par l'Eglise à l'occasion de ses acquisitions d'immeubles, le droit de *franc-fief*, payé par les roturiers acquéreurs de terres nobles, le droit de *régale*. Nous réservons les deux premières questions que nous traitons plus loin.

La régale (1) était un droit exercé, à titre de protection, par le seigneur temporel sur les revenus des églises et des monastères, durant la vacance du siège épiscopal, de l'abbaye ou de la cure.

Contrairement à ce que dit J.-J. Clamageran, ce droit existait avant la féodalité, ainsi qu'en témoigne un capitulaire de Charles le Simple. Le gouverneur de la province prenait

---

(1) *Regalia*. DU CANGE.

soin du diocèse au point de vue matériel, et, avec l'évêque
le plus voisin, pourvoyait à tout ce qui regardait le spi-
rituel.

Aux époques troublées qui précédèrent la féodalité et durant la féodalité même, l'exercice de ce droit, tombé dans
le domaine du seigneur, donna lieu à de véritables actes de
barbarie. La mort du prélat était suivie d'une véritable invasion de ses propriétés par le seigneur du lieu, qui s'emparait de tous les meubles du palais épiscopal et de ses
dépendances, sans en excepter le fer, le plomb, les vitres,
les lambris, enlevant dans ses métairies ou sur le domaine,
les grains, le vin, les fourrages, les troupeaux, ne laissant
à proprement parler que les immeubles par nature, comme
nous disons aujourd'hui. On coupait, on vendait les forêts,
on pressurait les paysans. L'abus parut si excessif que de
grands barons renoncèrent d'eux-mêmes à ce droit.

Les rois de France, se considérant comme les protecteurs et les gardiens naturels des églises, percevaient leurs
revenus (régale *temporelle*) et nommaient aux prébendes, à
tous les bénéfices ecclésiastiques (régale *spirituelle*), jusqu'à
l'investiture du successeur du prélat décédé.

2° Mariage et formariage.— Le consentement du seigneur
au mariage des serfs était obligatoire; les roturiers eux-mêmes n'en étaient pas dispensés, par mesure de police.

Le droit de *prélibation*, dont on ne peut affirmer l'existence
comme fait général, mais qui n'en a pas moins été exercé,
sans parler de pays étrangers, en Normandie, en Auvergne,
dans certaines parties de la Gascogne et quelques vallées
pyrénéennes, serait devenu le droit de *marquette* (de *mar-
cheta, marc*, pièce d'argent) (1).

Il y avait formariage (*forismaritagium*) (2), quand un serf

____

(1) DE LAURIÈRE. *Glossaire*. D'après du Cange, l'origine de ce
droit remonterait à la coutume qu'avaient certains peuples de
l'antiquité, d'exposer des jeunes filles nubiles aux regards du roi,
qui faisait son choix. Evenus roi d'Ecosse, aurait introduit dans
son royaume, en l'appliquant aux seules épousées de condition non
noble, cet usage, que Malcom III aurait, à la prière de sa femme,
converti en une redevance en nature ou en argent.
(2) *Foris* ou *foras maritare*, mariage en dehors de la seigneurie.
A Rome, tout au moins dans les premiers temps, l'affranchi, le
client ne pouvaient se marier hors de la *gens* (*enuptio*), sans autorisation du *pater*.

épousait une femme de condition franche ou qu'un serf ou une serve s'unissaient à une serve ou à un serf d'un autre seigneur.

Ce n'était guère que contre la cession de moitié, tiers ou autre portion de ses biens (1), que l'intéressé obtenait l'autorisation de se marier du seigneur, qui s'emparait du tout quand le mariage avait lieu contre son gré. Une amende de 60 sols frappait en plus celui qui se mariait sans s'être mis en règle avec le seigneur.

Le droit de formariage était une compensation de la perte que le maître éprouvait, dans le premier cas, du fait que les enfants du serf, marié à une femme de condition franche, naissaient libres, dans les autres, que le serf, producteur de revenu, et la serve, la poule pondeuse, quittaient la seigneurie.

A ces droits, rattachons *le droit d'adultère*, en vertu duquel le seigneur pouvait obliger quiconque était pris en flagrant délit d'adultère à courir tout nu par la ville ou à lui payer une amende, fixée, dans beaucoup de pays, à 60 sols.

§ 5. MONOPOLES. BANALITÉS.

Chaque seigneurie, de la plus petite à la plus grande, formait, avons-nous dit, un Etat indépendant, où le seigneur était maître absolu. Le pouvoir administratif lui donnait le droit de *bannum*. *Bannire*, faire un ban, c'était publier un ordre ayant force exécutoire dans les limites du domaine seigneurial (2). Dans certains documents de l'époque, les sujets et justiciables d'un seigneur sont appelés « *homines banni* ».

L'organisation actuelle du pouvoir administratif ne pourrait que nous donner une fausse idée de ce qu'il était à l'époque féodale. En effet, le seigneur administrait ; mais, incarnation de l'Etat dans son domaine, il n'administrait que dans son intérêt personnel.

En faisant un ban, le seigneur pouvait avoir en vue : 1° une injonction ; 2° une prohibition.

___

(1) DE LAURIÈRE. *Glossaire.*
(2) *Publico banno edicere, jubere, statuere,* DU CANGE.

Dans le premier cas (1), il imposait un sacrifice, il exigeait une aide, un service. Ainsi se commandaient les corvées ; ainsi se percevaient les diverses redevances.

Dans le second cas, le seigneur, s'attribuant un droit exclusif d'exploitation, interdisait, sous peine d'amende et de saisie, toutes entreprises rivales des siennes. Le seigneur possédait des forges, des pressoirs, des boucheries, des moulins, des fours, des tavernes, des animaux reproducteurs, etc. La *banalité*, c'était le droit qu'il avait d'assujettir ses sujets de la ville et des champs à se servir de son moulin, de son four, de son pressoir, etc., devenus choses *banales*, protégées par un privilège, constituées en monopoles.

Le seigneur restait le maître du prix auquel il louait ses services, tarifait les droits à payer, comme il réglait la taille à volonté. Droit de *pressoir* (*pressoraticum*),perçu pour les vendanges pressées. Droit de *fournage* (*furnagium*), sur le pain cuit au four banal ou bien encore contre l'autorisation donnée au particulier d'avoir un four chez lui. Droit de *moulage, moulure, mouture* (*molta*), sur les grains moulus ;droit de *verte moute*, payé au seigneur bannier pour les grains récoltés dans sa seigneurie par des gens qui avaient leur résidence ailleurs.Droit de *porc banal* (*pornagium,pornaticum*), perçu pour chaque truie couverte par le verrat banal, etc.

Le seigneur exploitait les monopoles de ses gens, les affermait ou les abandonnait contre une redevance abonnée à des collectivités ou contre le paiement de droits à des particuliers.

Par le ban des vendanges (*bannum vindemiarum*),le seigneur défendait aux habitants d'une localité de vendanger leurs vignes, tant qu'il n'avait point fait sa récolte; par le droit de banvin (*bannum vini*), il leur interdisait de vendre leur vin durant un laps de temps, un mois, quarante jours, pour lui permettre de vendre le sien. Ce droit de banvin

---

(1) Ici *bannire* prend la signification de: *citare, submonere, banno, seu edicto publico evocare.* Du Cange.
Halbanum submonere, c'était une convocation des roturiers ou vilains à l'effet de quelques corvées ou services, que les officiers du roi exigeaient d'eux ou leur faisaient racheter. *Ordonnances Royales.* T. Ier, p. 10, note i.

sera parfois étendu à d'autres denrées : avec le sens de monopole, on trouve le banvin des blés, etc.

Dans la plupart des lieux où des banalités existaient, elles ne pouvaient être imposées ni aux nobles ni aux ecclésiastiques ; mais c'était une exemption toute personnelle, dont leurs fermiers et leurs métayers ne bénéficiaient pas.

Les chartes, surtout celles qui furent concédées à des agglomérations rurales, touchèrent généralement peu au droit de banalité, qu'elles se bornèrent à réglementer et qui continuera à faire partie de la propriété privée de la noblesse jusqu'à la Révolution.

Par contre, ces monopoles cessèrent de bonne heure dans les grandes villes. Ainsi, à Paris, les boulangers obtinrent de Philippe-Auguste l'autorisation de construire dans leurs maisons des fours où ils cuisaient leur pain et celui des habitants. Les boulangers se trouvèrent ainsi être à leur tour en possession d'un véritable monopole, que Philippe le Bel fit cesser (1), en donnant aux bourgeois le droit d'avoir chez eux des fours, etc., etc.

Les banalités sont propres au moyen âge ; on n'en trouve point de trace dans la législation fiscale antérieure : leur origine ne semble guère remonter au delà du XIe siècle ; elles caractérisent bien cette période de tyrannie.

Ajoutons toutefois qu'elles peuvent se justifier jusqu'à un certain point dans les petites agglomérations, au moment de leur formation autour du château, du couvent.

Le seigneur se réservait encore certaines exploitations et certaines jouissances : mines, salines, la plupart des bois, des cours d'eau.

Mines et salines. — Le fisc impérial percevait un dixième des mines, qui appartenaient au propriétaire de la surface du sol. Les rois francs perçurent cette redevance. Sous la féodalité, les mines appartinrent au seigneur, de même que les salines.

Les mines et les salines étaient affermées ou données en fief, *fieffées*.

------

(1) *Ord.* T. Ier, p, 427.

Forêts.—La passion des Francs pour la chasse avait porté les premiers rois et leurs officiers à réserver pour ce genre d'exercice d'immenses territoires,qu'ils avaient peuplés d'animaux sauvages, avec défense de les détruire. La culture fut défendue sur ces terres: d'où *forestare,* mettre dehors (*foras*) en vertu d'un ordre (*forasta, foresta*).Par *foresta,*bas-latin, on entendit donc primitivement un ban, une proscription et un terrain sur lequel on aurait prononcé une prohibition de culture, d'habitation, dans l'intérêt de la chasse royale ou seigneuriale. De là *forestare* signifia créer une forêt,parce que ces prohibitions s'appliquaient surtout aux bois où se trouvaient les bêtes fauves et que d'ailleurs les arbres poussaient bientôt dans les campagnes, ainsi soustraites à la culture. Telle a été la transition entre foresta et forêt.

Le droit de garenne n'était qu'un diminutif du droit de forêt; il s'appliquait aux endroits réservés pour les petites chasses, par exemple, les chasses de lièvres, lapins, perdrix, faisans, etc.

A l'origine de la monarchie féodale, l'administration des forêts royales et des forêts seigneuriales n'eut en vue que la conservation des bêtes fauves et du gibier : leurs premiers officiers furent des *forestiers,* institués pour les chasses.

Il était de règle que le seigneur d'un certain rang devait *avoir forêt.*

Dans la Gaule romaine et sous les deux premières races, la chasse était permise à tout le monde; chacun pouvait chasser sur son fonds et même sur le fonds d'autrui, à moins que le propriétaire n'eût fait défense d'entrer sur son héritage (1). D'après Cochin, même depuis l'institution des fiefs et des justices seigneuriales, « on regardait l'exercice de la chasse comme appartenant en quelque manière au droit des gens et elle n'était réservée ni aux seigneurs ni à la noblesse » (2). Au XIII° siècle, le roturier pouvait donc se livrer au plaisir de la chasse, à la condition de respecter les bois du seigneur. Des restrictions au droit de chasse seront ap-

---

(1) JUSTINIEN. *Institut.,* liv. II, t. I⁰ʳ § 12.
(2) *Œuvres de Cochin,* t. I⁰ʳ, Consultation, p. 689. DE LAURIÈRE. *Glossaire,* p. XXXVII.

portées par Charles IV le Bel, Charles VI et surtout par Henri IV. La chasse deviendra alors seulement le privilège de la noblesse.

Cela pouvait être vrai en principe, mais non dans la pratique. En s'appropriant le sol, la féodalité créa le *droit de forêt* (*forestagium*), qui constitua une banalité fort oppressive. Nous verrons plus loin que le seigneur concédera le droit de pêche; mais il se réservera le droit de chasse, qu'il exercera seul et sur les terres dont il a la pleine propriété et sur celles dont il a concédé le domaine utile à des particuliers. Dans la circonscription de la banalité forestière, il ne sera point permis au paysan de chasser, serait-ce même pour se débarrasser des bêtes féroces ou nuisibles qui dévastaient ses champs.

Maîtresse du sol, la féodalité n'en dut pas moins laisser ouvertes aux bestiaux du village non seulement les forêts, mais encore les terres arables, après la récolte faite; les vignes elles-mêmes furent soumises à cette servitude, que l'on a considérée comme un reste de l'antique propriété collective du sol.

La forêt devint une source abondante de revenus.

Les seigneurs accordèrent la faculté d'y mener paître les bestiaux contre le paiement de droits de *pâturage*, *pacage*, *parquis*, *paisson*, *pasnage*, *parnage*, *passage* (de *pasci*) (1). Dans certaines seigneuries, les fermiers de la glandée devaient au seigneur un ou plusieurs porcs : droit de *frésange*, plus tard converti en argent.

Les sujets payaient au seigneur un droit de *blairie* « pour la permission de vaine pature ès terres et prez dépouillez, bois et autres héritages non clos ne fermez après les desbleures levées desdits prez et terres (2) ».On appelait encore droit de *blairie* l'amende infligée par le seigneur à ceux **qui**, n'étant pas ses justiciables, faisaient paître leurs bêtes sur ses terres.

Les seigneurs concédèrent aussi le droit, payé en argent

----

(1) Droit de *pascuagium*. *Scriptura* chez les Romains.
(2) DE LAURIÈRE. *Glossaire* etc.

ou en corvées, de prendre du bois pour construction ou chauffage : droit d'*affouage* (*ad focus*); on appelait, dans certains
pays, *ramageurs* (de *ramagium*) ceux qui en jouissaient.

A ces droits on pourrait rattacher ceux de grairie et de
gruerie, que l'on a eu tort de confondre, exercés sur les
bois, appartenant à des particuliers, par le roi ou le seigneur
domanier. Nous prévenons toutefois le lecteur que ces droits
concernent plutôt la période suivante.

La grairie était considérée comme une sorte de droit de
co-propriété du fonds, que, à une époque plus ou moins ancienne, le roi se serait réservé, en sorte que le propriétaire
de la forêt ne pouvait disposer d'aucun arbre ni faire aucune coupe, sans la permission de son co-propriétaire, à qui
il devait abandonner une partie du produit de la vente. Le roi
avait le droit de justice sur les forêts soumises à la grairie,
parce qu'il était le premier et le plus noble des co-propriétaires. La grurie, au contraire, ne supposait aucun droit de co-
propriété dans le fonds ; elle n'en attribuait pas moins au
roi le droit de justice immédiate sur la forêt, les amendes
et confiscations, prononcées à l'occasion des délits forestiers,
et une part dans le prix des bois vendus.

La conséquence de la nature des droits de grairie et de
gruerie marquera bien la différence entre eux. Le propriétaire des bois, soumis à la grairie, ne pouvait disposer que
de la partie éventuelle du fonds, à laquelle il aurait eu droit,
s'il y avait eu partage entre lui et son co-propriétaire, le roi,
alors que, pour les bois, sur lesquels le roi n'avait qu'un droit
de gruerie, le propriétaire pouvait aliéner ou hypothéquer le
fonds, à titre de seul propriétaire (1).

Les droits perçus sur les coupes de vente de bois des particuliers étaient exorbitants ; ils s'élevaient quelquefois jusqu'à la moitié du prix. En Normandie et dans quelques provinces, ils s'appelaient *tiers* et *danger*. Le tiers consistait
dans le prélèvement du tiers du prix de vente et le danger

____

(1) A l'origine le droit de gruerie ne se levait pas seulement sur
les bois, mais encore sur les terres labourables. On a fait venir ce
mot de *grün* (allemand), vert, ou de *gru*, signifiant autrefois indistinctement toute sorte de fruit.

s'acquittait en payant en outre le dixième ou deux sols par livre du prix; ce qui faisait en tout 43 1/3 0/0 du prix de vente (2). Ajoutons qu'il y avait des bois qui n'étaient sujets qu'au tiers, sans danger, ou qu'au danger, sans tiers. Dans certains pays, droit de *segorage*, *segréage*, *segrairie*, etc.; il consistait dans le cinquième denier du prix de vente.

Eaux. — Les eaux étaient, comme les forêts, productives de revenus, qui appartenaient aux seigneurs, lesquels percevaient des droits de péages, dont nous avons parlé; de prise d'eau pour arroser les fonds voisins ou faire tourner les moulins (droit d'*abenevis* dans le Lyonnais et les provinces environnantes), etc; de *pêche* (*piscuagium*), de *cénage* (*cenagium*), perçus pour la concession du droit de pêcher. Ces droits étaient concédés à prix d'argent et quelquefois donnaient lieu à des redevances en nature. On payait un droit pour la permission de faire des fontaines, des puits, des routoirs, des étangs.

§ 6. Droits de justice.

La plupart des historiens des finances féodales, notamment J.-J. Clamageran dans son *Histoire de l'Impôt en France*, se sont bornés à parler des droits de justice, au point de vue fiscal, sans traiter la question elle-même du droit de justice. Elle a cependant une importance telle que l'omettre, c'est ne donner qu'une notion fort imparfaite du régime féodal.

Durant la période gallo-romaine, le gouverneur de la cité réunissait le pouvoir judiciaire aux autres pouvoirs et portait le titre de *judex*. Il ne fut pas cependant seul à l'exercer. Pour soustraire les chrétiens à la nécessité dangereuse de soumettre leurs contestations aux tribunaux païens, les évêques se chargèrent du règlement des procès entre leurs fidèles. Constantin fit de cet usage un droit et édicta,

---

(2) Reproduisons un exemple que donne de Laurière. Un bois est vendu au prix de 60 sols. Le roi prend le tiers, soit 20 sols; et le danger ou dîme, 2 sols par livre, soit 6 sols; il ne reste que 34 sols au vendeur.

par une constitution que l'on croit être de 331, qu'en matière civile la décision des évêques aurait force de loi pour tous ceux qui se soumettraient à leur arbitrage. Le grand propriétaire terrien, sans y être autorisé par la loi, avait, sur son domaine, quand il était éloigné des grandes villes, un pouvoir de police et de juridiction: extension de son droit de justice sur ses esclaves. Ce privilège devint, sous les deux premières races, un droit consacré par les capitulaires. L'édit de 614 reconnaissait formellement ces juridictions privées, que l'on nommait *potestates*.

Après la conquête franque, le droit de justice, que Rome exerçait sur les Gaules (comme d'ailleurs sur les peuples vaincus par elle), devint une prérogative des rois, se considérant comme les successeurs des empereurs romains. Le gouverneur franc, qui, dans les cités, remplissait les fonctions du *judex* et porta même sous les Mérovingiens le nom de *justicier*, rendit la justice, par délégation du roi, jusqu'au jour où les incapables successeurs de Charlemagne laissèrent tomber de leurs mains défaillantes cette attribution de la souveraineté, dont s'emparèrent les grands officiers et les grands propriétaires terriens.

La féodalité ne fit donc que s'inspirer de la tradition romaine et de coutumes de la période barbare, en faisant de la justice un pouvoir territorial. Elle couvrit le sol du réseau de ses juridictions.

Le régime féodal comprend dès lors deux féodalités : la seigneurie propriétaire du sol ou la seigneurie directe et la seigneurie justicière.

Elles diffèrent par leur origine. Tandis que la première dérive de la grande ou moyenne propriété gallo-romaine, de l'appropriation de la terre par la féodalité, la seconde provient d'un démembrement du pouvoir politique.

Ces deux seigneuries se distinguent encore par leur caractère. Les droits invoqués par la seigneurie directe sont généralement d'une nature précise, qui donnent rarement lieu à des contestations, alors qu'il en est bien autrement de l'action de la féodalité de haute justice, qui occasionnera infiniment de plaintes et de procès, jusqu'à la suppression de toute féodalité en 1789.

Les seigneurs, dont la compétence était la plus étendue, avaient le droit de juger souverainement et sans appel, au civil, tous les procès, relatifs aux personnes et aux biens des roturiers ou des serfs de leur domaine, et, au criminel, tous les délits commis sur leur territoire. Ces larges pouvoirs prenaient le nom de *haute justice* (*justitia major, jus spathœ, jus sanguinis*).

A la haute on opposait la *basse justice*, que l'on nommait encore voirie et qui appartenait seule à la plupart des petits seigneurs, les vavasseurs ; elle ne leur donnait que le droit de connaître des affaires les moins importantes, c'est-à-dire, au criminel, des contraventions qui n'entraînaient que de légères amendes: simples délits de voiries, etc., et, au civil, des procès où le duel judiciaire ne pouvait être employé comme moyen de preuve.

Exceptionnellement, cependant, le seigneur bas justicier connaissait, en général, de tous les vols, commis sur sa terre, et pouvait appliquer la peine capitale. Dans certains pays, pourtant, il menait au baron le larron, dont il faisait ensuite justice (1).

Ce n'est guère qu'à partir du règne de Saint Louis, que l'organisation féodale attribua au droit de justice trois degrés : la haute, la moyenne et la basse justice.

Au criminel, on assimilait la haute justice, qui donnait le pouvoir de prononcer toute espèce de peines, la mort comprise, à ce que le droit romain appelait *merum imperium*, le mère impère. La moyenne justice, que l'on nommait encore grande voirie, ne donnant que le droit de prononcer des amendes n'excédant point 60 sols parisis, répondait au *mixtum imperium*, au mixte impère, et la basse justice, simple voirie, qui n'avait que la connaissance des dégâts des bêtes et des injures, dont l'amende ne dépassait pas 10 sols, à la *simplex jurisdictio*.

----

(1) *Ord.*, t. Ier, p. 135, notes a, b, c, d. Nos pères étaient très sévères pour le vol, puni de mort dans bien des cas. Voir à ce sujet notre ouvrage: *A travers les chartes du Languedoc.*

Comme au criminel, il n'y avait, au civil, presque rien de changé dans la juridiction des seigneurs ayant la haute justice. La moyenne justice permettait aux seigneurs de statuer sur les actions personnelles jusqu'à 60 sols. Enfin la basse justice était celle des seigneurs dont le juge connaissait des affaires de moindre importance et principalement des droits féodaux : cens, rentes, etc., dus par les sujets au maître. Aussi appelait-on encore cette dernière *justice foncière* ou *censuelle*. « La coustume ne faict différence entre justice basse et foncière (1). »

La haute justice du baron était souvent limitée non seulement par les droits de justice locale , qu'il en détachait pour les inféoder à ses vassaux, mais aussi par les droits de justice personnelle, que d'autres seigneurs, laïques ou ecclésiastiques, avaient acquis par avouerie sur les roturiers de son domaine. En revanche, il pouvait avoir pour justiciables, hors de son domaine, dans les fiefs de ses vassaux ou dans d'autres fiefs, les hommes qui se plaçaient sous son avouerie personnelle.

A la justice seigneuriale du baron se trouvaient souvent réunis, indépendamment de la juridiction féodale qui lui appartenait sur ses vassaux nobles, des droits de justice foncière sur ses tenanciers non nobles. Lorsque la terre concédée à un roturier émanait, comme c'était le cas ordinaire, du seigneur même dont il était justiciable, la confusion était possible entre la juridiction foncière et la juridiction seigneuriale, exercées toutes deux au même tribunal et sur la même personne. Mais ces deux justices se distinguaient, en fait comme en droit, lorsque le seigneur, de qui émanait la concession, avait, pour une raison quelconque, perdu sa juridiction seigneuriale sur le tenancier ou que celui-ci devait sa tenure à un seigneur étranger.

De cet enchevêtrement de juridictions était sortie la formule: « Fief, ressort et justice n'ont rien de commun (2). »

Les droits de justice étaient exercés sur le roturier tantôt

____

(1) *Coust. gén.*, t. II, p. 1034.
(2) Loisel. *Inst. Cout.*, p. 272.

par la cour féodale du seigneur, tantôt par le tribunal de son bailli ou de son sénéchal, assisté d'un conseil, ordinairement composé de notables ou de praticiens choisis par lui, rarement de pairs à la partie mise en cause. C'est seulement par exception que les roturiers pouvaient invoquer le jugement de leurs pairs, par exemple, dans les localités où la coutume avait établi cette règle pour les causes relevant de la justice foncière.

Quant aux serfs, ils étaient jugés à merci par le prévôt du seigneur.

En matière financière, la haute justice s'était attribué des droits considérables: confiscation des meubles et immeubles, succession des aubains, des bâtards en déshérence, biens vacants, épaves, portions des trésors trouvés dans l'enclave de la justice, droit de ban, de voirie, certains droits de foires et de marchés, etc.

Nous avons vu précédemment que le seigneur administrait dans son intérêt personnel, en tant que représentant l'Etat. De même, la justice seigneuriale n'avait pas le caractère actuel d'un service public; c'était un droit patrimonial, qui avait pour objet la défense de l'intérêt du seigneur, l'exploitation de ses subordonnés (*expletabiles*). Le caractère lucratif de la fonction s'était accentué au point que le sens ordinaire du mot *justitia*, au moyen âge, n'était pas celui de juridiction, mais de profit de justice.

Sous les Mérovingiens et les Carlovingiens, la législation pénale résultait des lois des Bourguignons, des Visigoths, des Francs, qui, ménagères de la vie du guerrier, si utile à la tribu belliqueuse, édictaient rarement la peine de mort et faisaient une grande place au *wehrgeld* ou composition. L'Eglise favorisa le système des compositions, qui était d'accord avec sa doctrine, touchant le rachat des fautes, ensuite parce que les membres du clergé, auxquels il était interdit de prononcer la peine de mort, acquirent le droit de siéger dans les tribunaux.

Le wehrgeld, nom germanique de la composition, exigeait le consentement des deux parties : le coupable ne pouvait être contraint à payer ni la victime à recevoir le *faidum* ou *faidam*, chiffre de l'indemnité déterminé en raison de la valeur de la victime.

Au *faidum* ou *faidam* se joignait, dans un grand nombre de cas, ce que les lois germaniques appelaient le *fredum* (de *frieden*, paix), somme payée au roi ou au magistrat en réparation de la violation de la paix publique. Ce sont les *freda* ou droits de justice sous les deux premières races.

Au moyen âge, les droits de justice sont encore les amen-des, les confiscations prononcées par la cour du seigneur pour chaque crime, chaque délit, chaque contravention à la paix publique, ou aux droits du seigneur, les droits de greffe, de géôle.

On entendait encore, par droits de justice, certaines taxes sur les procédures judiciaires en matière civile, sous forme de droits fixes ou proportionnels.

Ces droits étaient affermés, cédés, donnés.

§ 7. DROITS SUR LES CHOSES PUBLIQUES.

En tant que souverain, le seigneur a la police et l'adminis-tration des routes, fleuves, rivières, ponts, marchés, foires, percevant les nombreux revenus : tonlieux, péages, douanes, dont nous avons parlé. Il prélève une redevance sur les poids et mesures à vin, à grain, à terre, à draps, qu'il fournit à ses sujets, ou qu'il contrôle (droit d'*estalonage*, d'*aunage*). Il perçoit les droits de sceau et de tabellionnat. L'expédition de la plupart des actes seigneuriaux est soumise au paye-ment d'un droit fiscal plus ou moins élevé : prix de l'authen-ticité garantie par l'apposition du sceau.

Le droit de sceau donnait lieu parfois à des abus. Richard Cœur de Lion, à la fin de son règne, obligea ses sujets à faire revêtir d'un nouveau sceau toutes les chartes, antérieurement approuvées par lui. Nous verrons à plusieurs reprises les juifs astreints à l'obligation de faire sceller de nouveau leurs titres de créance.

C'est encore comme souverain que le seigneur use et abuse du droit de monnaie (*jus monetæ*).

Monnaie. — Etant donnée l'importance de la question de monnaie, dont l'actualité est de tous les temps, nous la traiterons avec quelque ampleur dans ce chapitre et les suivants (voir nos *Finances féodales et royales*), sans toutefois descendre dans trop de minutieux détails, qui dépasseraient le cadre de cet ouvrage, et que l'on peut d'ailleurs trouver dans des ouvrages spéciaux.

Nous allons commencer par l'historique du droit de fabrication ; nous suivrons ensuite les variations des monnaies jusqu'à la fin de la période féodale proprement dite.

I. Durant la période barbare, il y avait, dans les principales villes du royaume, des monnaies administrées, sous l'autorité des ducs et des comtes, par des *monnayers* (*monetarii*), que l'on nommera, au xiiie siècle, *maîtres des monnaies* (*magistri monetæ*).

Sous les rois mérovingiens, le droit de battre monnaie n'appartenait pas exclusivement au roi; chacun pouvait librement convertir en monnaie le métal qu'il possédait, sauf à en faire attester la valeur par le monnayer. De bonne heure on fit la chasse aux faux-monnayeurs. « *Manus ei amputetur* », dit un édit de 744 (1).

Charlemagne centralisa entre ses mains tout ce qui concernait le monnaies, aussi bien l'achat des métaux précieux que la fabrication et l'émission des espèces monnayées. Par les édits de 805 et de 808 (2), il défendit toute frappe de monnaie ailleurs qu'à la cour, interdit tous les ateliers monétaires ailleurs que dans son palais (3). Mais cette interdiction ne put durer et des hôtels de monnaie furent établis dans quelques villes, qu'énumère le fameux édit de Pistes (864) : Rouen, Reims, Sens, Paris, Orléans, Châlons, Melle et Narbonne (4).

Dès ce moment, les ducs, les comtes créèrent des ateliers monétaires, suivant que le besoin s'en faisait sentir, princi-

---

(1) Baluze, t. Ier, p. 155.
(2) Baluze, t. Ier, p. 427 et 464.
(3) De là son nom de monnaie palatine.
(4) Baluze, t. II, p. 178.

palement dans les villes où se tenaient des marchés importants.Des concessions du droit de fabriquer des monnaies furent accordées, à titre d'aumône, à des établissements religieux.On ne tarda même pas à abandonner aux chapitres de certaines cathédrales et à des abbayes les profits de la monnaie locale. Recherché dès le temps de Charles le Chauve, comme d'autres droits régaliens, par les personnages laïcs ou religieux, le droit de monnaie fut ou bien gracieusement concédé par les empereurs et rois ou usurpé par les détenteurs du pouvoir local.

Sous le régime féodal, les concessions octroyées au clergé se transformèrent en droits,les délégations faites aux comtes, en propriétés, comme les fiefs : le jus *monetæ* devint l'un des droits souverains les plus importants,considérés comme inhérents à l'autorité seigneuriale.

Droit patrimonial, le droit de battre monnaie fut l'objet des stipulations et des transactions privées. « Le comte de Toulouse,dans un acte de 1037,abandonna à *titre de dot* à sa femme l'évêché d'Albi, la cité et la *monnaie*, qu'il compte parmi ses biens. En 1044, Guillaume V, comte d'Auvergne, avec le consentement de sa femme et de ses enfants, donne à l'évêque de Clermont la *monnaie et les monétaires*, c'est-à-dire les émoluments de la monnaie et le droit de la frapper.Par un contrat du milieu du xie siècle, la comtesse d'Anjou,dans un échange avec le seigneur de Beaugency,lui cède *un droit de monnaie* et,dans deux actes de la même époque, le vicomte d'Albi et de Nîmes et sa femme vendent au comte de Barcelone le comté de Carcassonne,en comprenant dans la vente *le droit de battre monnaie*. En 1062, le comte de Forez, qui contestait à l'archevêque de Lyon le temporel de son église, lui restitue,par un traité, le droit de frapper monnaie et,par un second traité de 1167, tous deux s'entendent pour partager les profits de la monnaie (1). »

La suite de l'historique du droit de battre monnaie appartient à la période suivante ; nous allons parler maintenant de la fabrication.

____

(1) Ad. VUITRY. *Le Régime financier de la France*, p. 457.

II. Les premières monnaies féodales n'ont rien qui les distingue des monnaies royales ou impériales contemporaines, dont elles reproduisent les types, les légendes, le poids et l'aloi. Puis, les seigneurs font frapper des monnaies à leur effigie, avec leur nom, etc.

Sous la féodalité, la monnaie est, avons-nous dit, la propriété absolue du seigneur, qui en fait une source spéciale de revenus, comme des autres parties de son domaine ; son atelier monétaire s'exploite comme son moulin ou son four banal. Le droit féodal lui reconnaît la faculté d'établir sa monnaie, d'en fixer et d'en muer la valeur. L'intérêt du seigneur, de simples convenances personnelles, l'inspireront trop souvent dans la fixation des cours, rendant parfois tout commerce impossible. En même temps que de la bonne monnaie ou *monnaie forte*, il en émettra de la mauvaise ou *monnaie faible*, que, sous le régime oppressif de la féodalité, les pauvres gens seront bien obligés d'accepter.Rois de France, seigneurs laïcs ou religieux, ne se feront point un scrupule de commettre ce genre de fraudes, malgré la défense formelle du premier concile de Latran (1123) (1).

Aussi certains pays composent avec le seigneur, qui, moyennant un abonnement, renonce à user capricieusement du *jus monetæ*. La Normandie paie à son duc, tous les trois ans, une aide de douze deniers par feu : d'où son nom de *fouage*. En retour de la promesse que Louis VII fait de conserver intacte la monnaie d'Orléans, il exige le paiement de droits sur chaque muid de vin ou de blé (2).

Il a été admis de tout temps que le pouvoir public, qui achète le métal, frappe la monnaie et l'émet, a le droit non seulement de se couvrir des frais de fabrication, mais encore de se procurer un bénéfice, par la différence entre la valeur réelle et la valeur légale. Pour donner satisfaction à des besoins usuels, de tout temps, on a fabriqué des espèces mon-

---

(1) « Art. 15. Quiconque fabriquera sciemment de la fausse monnaie ou la fera circuler à dessein doit être séparé de la communion des fidèles, comme maudit, comme oppresseur des pauvres et perturbateur de la cité. » *Conciliorum Collectio Mansi*, t. XXI, p. 285.
(2) *Ord.*, t. XI, p. 188.

nayées, dont la valeur intrinsèque ne correspondait pas à la valeur nominale. Les Juifs et les Grecs se sont servis de la *mine* et du *talent*, sans que chez eux aucune monnaie réelle valût exactement une mine ou un talent; de même les Romains, du *sesterce*.

Actuellement, en France, nos monnaies secondaires, les pièces de cuivre, de nickel et d'argent, ont une valeur intrinsèque inférieure à leur valeur légale ; mais leur titre a fait l'objet d'une réglementation, en même temps que la quantité en a été limitée par la loi qui les a créées, la frappe restant libre pour l'or seulement. En outre, il a été stipulé que ces pièces pourraient n'être reçues en paiement que pour une somme relativement minime.

Le bénéfice ici est restreint; il est la conséquence de la fabrication, mais il n'en est pas le but, comme cela arrivait trop souvent sous la féodalité. Le *droit de monnayage* ou de *seigneuriage*, comme on appelait alors ce bénéfice, fut appliqué d'une manière générale tant aux monnaies principales qu'aux monnaies secondaires, aux plus grosses pièces d'or, comme aux plus menues pièces de billon, sans être soumis à aucune restriction.

Le système monétaire alors en vigueur comprenait, outre des monnaies *réelles* en or, en argent, en billon, une monnaie *fictive* ou monnaie *de compte* (1).

Sous les rois francs de la première race, qui utilisèrent les pièces romaines, les monnaies en usage étaient la *livre*, le *sou* et le *triens* ou *tiers* de *sou* d'or, la *livre*, le *sou*, le *tiers* de *sou* et le *denier* d'argent. Mais, suivant Guérard, la livre d'or, la livre et le sou d'argent n'étaient que des monnaies de compte ou fictives : le sou et le tiers de sou d'or, ainsi que le denier d'argent, étaient seuls des monnaies réelles. Le denier peut être considéré comme l'unité monétaire des Francs. Le sou d'or valait 40 deniers et le sou d'argent, 12 deniers. Le poids, dont se servait pour la fabrication des monnaies, était la livre romaine (2), que les uns, comme Du-

---

(1) Au point de vue du titre, on distingue les monnaies *réelles*, qui ont une réelle valeur intrinsèque, et les monnaies *fictives* ou de *compte*, qui s'en éloignent plus ou moins.
(2) Réduite de onze onces à huit par les Francs.

reau de la Malle et Guérard fixent à 6.144 grains (1), que d'autres, comme Garnier et Bouteroue ne portent qu'à 6.048 grains et même à 5.976 seulement (2) ».

Les troubles économiques et sociaux, qui bouleversèrent le pays à la chute des Mérovingiens, eurent leur répercussion dans les monnaies. L'autorité royale intervint pour réprimer le désordre du monnayage privé. Uniformiser autant que possible le poids, les types et l'aloi du denier, fut la préoccupation de Pépin le Bref. (Canon 27 du Capitulaire de Vernon-sur-Seine en 755.) Ce prince abolit la monnaie d'or ; le denier nouveau, taillé à raison de 240 à la livre, pesait théoriquement 1 gr. 36 ; mais l'irrégularité de la frappe faisait que son poids oscillait entre 1 gr. 24 et 1 gr. 47. Outre le denier, on frappa le demi-denier ou obole. Enfin le droit de monnayage, à prélever au bénéfice de l'office monétaire, fut fixé à un sou par livre.

Charlemagne confirma l'abolition de la monnaie d'or par un édit de 801, renouvelé en 803, et ordonna que le sou d'or de la loi salique, qui valait 40 deniers, serait remplacé, dans toutes les prescriptions de cette loi, par le sou d'argent, qui, avons-nous dit, n'en valait que 12. Il changea les bases mêmes de la fabrication des monnaies en abandonnant la livre romaine du poids de 6.144 grains et en adoptant une livre nouvelle, qui fut de 6.912 grains, d'après Le Blanc et Garnier, et de 7.680 d'après Guérard, dont Leber suit l'opinion (3). Comment Charlemagne obtint-il cette livre ? L'empereur prescrivit de tailler 20 sous dans 1 livre (poids) de métal ; le sou continua à être divisé en 12 deniers. A la suite de cette réforme, on s'habitua à donner la dénomination de *livre* à la collection de 20 sous, parce que ces 20 sous pesaient une li-

---

(1) Le grain était le vingtième environ de notre gramme.

(2) AD. VUITRY. *Régime financier de la France*, p. 429.

(3) La livre se divisant en 8 onces, l'once de la précédente livre était de 6.144 : 8 = 768 grains. La différence de la livre de Charlemagne avec la précédente livre était donc, d'après Le Blanc, etc., 6.912 — 6.144 = 768 grains ou 1 once, et, d'après Guérard, 7.680 — 6.144 = 1.536 grains ou 2 onces en plus.

En tenant pour exacte l'évaluation de Guérard, nous trouvons que le sou pesait 7.680 : 20 = 384 grains et le denier, 384 : 12 = 32 grains.

vre. Et cette dénomination, se joignant à celles de sou et de denier, qui s'appliquaient alors à des monnaies réelles, constituera la monnaie de *compte*, qui est restée en usage en France jusqu'en 1789.

On est généralement d'accord pour faire remonter la monnaie de compte jusqu'au temps de Charlemagne et en attribuer l'origine à cette concordance établie entre le poids de 20 sous d'argent et le poids d'une livre.

« Quelle fut la valeur intrinsèque de cette première monnaie de compte ? ...Guérard, qui attribue à la livre de Charlemagne un poids de 7.680 grains, en le déduisant des pesées qu'il a fait faire des pièces conservées à la Bibliothèque, estime que le denier, frappé dans la seconde partie du règne de ce prince, pesait 32 grains à 23/23 de fin ; en conséquence :

« Il fixe sa valeur intrinsèque à 0,36.

« Celle du sou à 4,35.

« Celle de la livre à 86,97 (1). »

On trouverait difficilement un système de monnaie de compte aussi complet que celui qui commença à s'établir en France à cette époque avec son unité, ses multiples et ses divisions. On compta dès lors par *livres, sous* et *deniers*. Ce fut en livres, sous et deniers que se réglèrent toutes les transactions : achats, payements, obligations au comptant ou à terme, emprunts et leur remboursement, constitutions de rentes, etc.

Nous venons de faire connaître la valeur *intrinsèque* de la monnaie de compte au temps de Charlemagne ; parlons maintenant de sa valeur *relative*.

« Pour comparer utilement, sous le rapport économique et financier, les monnaies d'époques différentes et éloignées, la connaissance de la valeur intrinsèque, c'est-à-dire de la quantité exacte de métal fin que contient la pièce monnayée ou qu'exprime la monnaie de compte ne suffit pas : il faut, en outre, pouvoir apprécier leur valeur relative ou, en d'au-

---

(1) AD. VUITRY. *Régime financier de la France*, p. 430.

très termes, le *pouvoir de l'argent*, qui a pour mesure et pour expression le rapport entre les quantités souvent très différentes de métal qui sont nécessaires, suivant les temps, pour acheter les mêmes objets ou pour satisfaire aux mêmes besoins (1).

« Le savant auteur du Polyptique de l'abbé Irminon (Guérard) a cherché à déterminer le pouvoir de l'argent à la fin du xiiie siècle. Des prix attribués au blé et au pain en 794 par le concile de Francfort, il conclut que ce pouvoir, à cette époque, comparé à son pouvoir actuel, peut être exprimé par le chiffre de 9,7 et il en a déduit pour la monnaie de compte, au temps de Charlemagne, les valeurs *relatives* suivantes :

Le denier, 3 fr. 52.

Le sou de 12 deniers, 42 fr. 24.

La livre de 20 sous, 844 fr. 80 » (2).

Le système monétaire de Charlemagne fut maintenu par ses premiers successeurs. Mais les édits, qui avaient supprimé la monnaie d'or, ne furent pas rigoureusement exécutés ou furent abrogés, car on retrouve, bien qu'en très petit nombre, quelques pièces d'or de cette époque.

Nous avons dit précédemment comment le droit de battre monnaie passa du domaine royal dans le domaine seigneurial. On verra des livres, sous, deniers, tournois, parisis, manceaux, angevins, poitevins, chartrains, bordelais, melgoriens (2), toulousains, etc., etc. A Morlas, alors capitale

(1) Pour exprimer par des chiffres aussi exacts que possible ce *pouvoir* de l'argent, à deux époques éloignées l'une de l'autre, on a comparé le prix, à ces deux époques, de mêmes objets, de mêmes denrées, dont la valeur aurait varié le moins à travers les siècles. Après de nombreuses recherches, on a fini par choisir le prix du blé. H. Géraud a poussé le scrupule jusqu'à prendre non seulement le prix du blé, mais encore celui de la quantité de pain consommée par un individu pendant un jour, aux époques déterminées, et il déclare, dans *La Taille en 1292*, qu'il est arrivé à un résultat identique à bien peu de chose près.

Voilà ce qu'on entend par valeur relative de l'argent.

Il nous arrivera de parler de sa valeur *absolue*. La valeur de l'argent a constamment baissé depuis des siècles. Par valeur *absolue*, on entend celle qu'aurait une même quantité de métal monnayé, à une époque, par rapport à une autre. C'est la valeur absolue, qu'auraient de nos jours le denier, le sou et la livre de Charlemagne, qu'exprime le petit tableau ci-dessus.

(2) AD. VUITRY. *Régime financier de la France.*

(3) De Melgueil, à deux lieues de Montpellier.

du Béarn, il y aura un hôtel des monnaies appartenant aux vicomtes . On y frappera des espèces d'or, d'argent et de cuivre, très répandues dans la Gascogne, où on comptera par livres, sous et deniers de morlas. La livre morlas valait trois livres tournois.

Les guerres, les désordres politiques et sociaux, qui marquèrent la fin de la dynastie carlovingienne, produisirent de grandes perturbations dans la fabrication et l'administration de la monnaie et ne permettent pas de discerner, avec quelque certitude, ce que devint le régime monétaire de Charlemagne.

Après la révolution de 987 et sous le règne des trois premiers Capétiens, il n'y a guère moins d'obscurité et d'incertitude dans les monnaies. Prenons dans le *Régime financier de la France*, auquel nous venons de faire et ferons encore de nombreux emprunts, le petit tableau suivant, exprimant en monnaie actuelle la valeur intrinsèque du denier, du sou et de la livre, au milieu du xie siècle.

Le denier de Henri Ier (1031-1060) devait valoir ..   0,26 c.
Le sou   —   —   —   ..   3,18 c.
La livre   —   —   —   ..   63,60 c.

Adolphe Vuitry explique ainsi cette diminution: « Le denier ne pesait plus que 23 ou 24 grains au lieu de 32, comme au temps de Charlemagne. On taillait donc plus de 240 deniers ou de 20 sous dans une livre de métal ; la valeur intrinsèque de la monnaie de compte se trouvait ainsi déjà sensiblement diminuée et il n'y avait plus concordance entre le poids de 1 livre et le poids de 20 sous d'argent ou d'une livre de monnaie (1). »

Pendant le règne de Philippe Ier (1060-1108), de notables changements furent apportés au régime des monnaies. L'un des plus importants fut la substitution, pour la fabrication du numéraire, à la livre, poids, de Charlemagne, du poids du marc, qui dérivait de la livre romaine. Le marc, dit de Troyes ou de Paris, se divisant en 8 onces de 576 grains cha-

---

(1) AD. VUITRY. *Régime financier de la France.*

cune, pesa 4.608 grains. C'est de 1075 à 1091, qu'on aurait commencé à se servir du marc pour peser l'or et l'argent. Ce changement acheva de détruire toute concordance entre la livre-poids et la livre-monnaie.

C'est aussi à cette époque qu'on commença à trouver la monnaie *parisis*, mentionnée dans les actes, de même que l'on compta aussi par livres *tournois.*La monnaie parisis fut d'un quart plus forte que la monnaie tournois ; 4 sous ou 4 livres parisis valurent 5 sous ou 5 livres tournois.

On ne sait pas exactement quelles espèces monnayées avaient cours sous Philippe Ier. On dit qu'il y avait des *francs d'or*, qu'on appelait aussi des *florins d'or* ; mais ni leur titre ni leur poids ne sont connus, et ce n'étaient peut-être que les anciens sous d'or restés dans la circulation. « Le numéraire était presque exclusivement composé de deniers, dont le titre fut à cette époque considérablement affaibli, et qui, sans devenir encore des espèces de billon, ne furent presque plus des espèces d'argent.

« En effet. l'ancienne chronique de Maillezais rapporte qu'en 1103, *il y eut un grand affaiblissement dans la monnaie et qu'on mêla le cuivre à l'argent......*

« Le Blanc affirme qu'il a vu des deniers de Philippe Ier à 7 ou 8 deniers de loi (1), et pesant 20, 22 ou 24 grains.

« Il semble, dit-il, que, lorsqu'on fit cet établissement, on mêla un tiers de cuivre à deux tiers d'argent. Il reste aussi quelques deniers des ducs de Bourgogne, des archevêque de Reims et des évêques de Meaux, qui vivaient en ce temps-là, lesquels sont de ce poids et de cette loi. » La valeur intrinsèque de la monnaie de compte se trouva donc diminuée d'un tiers et ne fut plus :

Pour le denier, que de 0,17 c. 67.

Pour le sou, de 2,12 c. 04.

Pour la livre, de 42,40 c. 80. » (2).

---

(1) *Denier de loi ou de fin* se disait, chez les monnayeurs et les orfèvres, du titre de l'argent. comme le carat, de celui de l'or. L'argent le plus fin était à 12 deniers, comme l'or le plus pur était à 24 carats. « Quand la monnaie d'argent n'est pas à dix deniers de fin, on doit la regarder comme billon. » Guyot. *Répertoire universel et raisonné de jurisprudence.*

(2) AD. VUITRY. *Régime financier de la France.*

Il nous reste à parler d'autres droits sur les choses publiques.

Biens vacants, épaves et trésors.

La plupart des seigneuries au moyen âge comprenaient, dans l'étendue de leur territoire, outre les bois et les eaux, dont nous avons parlé précédemment, des terres vacantes, des pâturages, restes de la propriété collective de jadis, et sur lesquels les seigneurs étendirent leur droit de propriété.

Le droit sur les épaves ne s'exerçait pas seulement sur les choses égarées ou abandonnées, mais encore sur les vagabonds. Nous avons vu que des aubains étaient considérés comme des épaves. Droit d'*abeillage*, perçu sur les abeilles qui n'étaient pas retournées à leur ruche, etc.

Pour le trésor, il appartenait, dans les pays de droit écrit, à celui qui le trouvait dans sa propriété ; celui qui le trouvait dans le fonds d'autrui le partageait avec le propriétaire. Dans les pays de droit coutumier, quand l'inventeur était le propriétaire du fonds, il le partageait avec le haut justicier ; dans le cas où c'était un simple tenancier ou un étranger qui le trouvait sur une tenure, le tiers appartenait au haut justicier, le tiers au seigneur tréfoncier et le tiers à l'inventeur, à l'exception de l'or sur lequel le roi aurait eu un droit particulier.

§ 8. DROITS LEVÉS AU PROFIT DES OFFICIERS FÉODAUX.

Le seigneur payait les services de ses officiers par l'octroi de redevances, que ceux-ci percevaient pour leur compte : droits sur les mariages, accordés au guetteur ou au crieur public ; faculté pour certains officiers d'assister aux repas de noces ; droit du bouteiller sur les boissons, du maréchal sur les chevaux et autres moyens de transport. Le viguier (*vicarius*), sorte d'intendant du seigneur, le maire, remplissant des fonctions analogues dans un cercle plus restreint, le sergent, chargé de faire les ajournements (assignations), de toucher les amendes, de saisir les coupables, etc., exerçaient leurs droits tantôt sur les ventes (1),

____

(1) Droits de gants. Voir plus loin.

tantôt sur le produit des justices, tantôt sur les terres ; les mots de mairie, de viguerie, de sergenterie (1), signifiaient non seulement la charge, mais encore les redevances y attachées.

Tels sont, en résumé, les droits perçus par les seigneurs dans leurs terres. Mais tous n'en jouissent pas également. Chaque fief a des conditions qui lui sont propres, suivant les lieux ou selon que le propriétaire est simple vassal, seigneur dominant ou suzerain. Les grands feudataires seuls possèdent ces droits dans toute leur plénitude.

Si maintenant nous nous reportons aux termes du contrat féodal, on peut classer les droits du seigneur en trois catégories :

1° C'est comme *propriétaire* du sol qu'il exerce ses droits de déshérence, sur les biens vacants, les cours d'eaux, les forêts, les mines, etc., ou prélève des redevances qui sont le prix de la concession à ses hommes de la jouissance d'un bien dont il garde la propriété: cens, coutumes, tailles, droits de mutation, de mainmorte, d'aubaine, de bâtardise, etc., etc.

2° D'autres redevances (corporelles ou pécuniaires) servent à des dépenses d'ordre public ou représentent l'apport personnel, nécessaire à la sécurité, à l'entretien ou à la prospérité de la collectivité ; ce sont le guet et le service du château en temps de paix, convertis de bonne heure en redevances pécuniaires, les corvées, droits de greffe, amendes, confiscations, péages, tonlieux, champarts, etc. Ces redevances affectent le caractère d'impôts.

Ces deux premières catégories de redevances forment les recettes domaniales *ordinaires* du seigneur.

3° Les redevances constituent, en certains cas spéciaux, une aide passagère au seigneur en reconnaissance de la protection qu'il accorde à ses hommes. Ce sont les aides féodales, qui comprennent des redevances, soit corporelles, soit pécuniaires.

Ce sont les recettes domaniales *extraordinaires* du seigneur.

_____

(1) *Majoratus, vicaria, serjanteria.*

CHAPITRE III

DROITS PERÇUS PAR LES SUZERAINS SUR LEURS VASSAUX ET PAR LE ROI DANS LE ROYAUME

§ 1. Droits des suzerains sur les vassaux

Le suzerain exerçait sur le vassal des droits d'aide et de gîte; il le soumettait parfois au paiement de péages. Il prélevait des droits de justice, quand il s'agissait de procès entre seigneurs, portés devant sa cour. Quand le vassal ne remplissait pas les devoirs féodaux, le suzerain le condamnait à des amendes, poussant dans les cas graves jusqu'à la confiscation totale ou partielle du fief. On considérait les confiscations comme des amendes s'étendant jusqu'à la totalité des biens du condamné; elles étaient prononcées pour crime de félonie, etc. Les meubles seulement du vassal étaient confisqués, s'il faisait tort à son seigneur, etc.

L'usage du droit de confiscation des fiefs du vassal par le suzerain, exercé par la royauté contre les seigneurs souvent en révolte, sera un des principaux moyens d'accroissement du domaine de la couronne : confiscation de la Normandie par Philippe-Auguste sur Jean sans Terre, etc.

Enfin le suzerain prélevait sur son vassal des droits de mutation.

1° Droits de mutation après décès (1). — A l'origine, les

____

(1) *Vicesima hœreditatum* des Romains, introduite en Gaule à la suite d'un édit de 212, par lequel Caracalla accorda le droit de cité à tous les sujets de l'Empire. Cet empereur l'étendit aux dons entre vifs et en porta le vingtième au dixième.

fiefs étaient amovibles, et le suzerain pouvait reprendre à son vassal sa concession; si le vassal mourait, le fief retournait au suzerain. Quand le fief devint héréditaire, pour trouver une compensation à cet abandon du droit de propriété, on n'en supposa pas moins que le fief faisait retour au suzerain, qui le restituait à l'héritier du vassal; mais l'héritier ne pouvait se dire propriétaire qu'après en avoir demandé et reçu l'investiture, que le suzerain n'accordait que contre le paiement d'une redevance. De même, après la mort du seigneur dominant, le vassal devait faire approuver par son héritier la concession qui lui avait été faite de son fief.

La redevance, payée à la mort du vassal, prenait tantôt le nom de *relief* (*relevium*), parce qu'elle *relevait* le fief, tombe par une sorte de *commise* dans le domaine du seigneur supérieur, tantôt le nom de *rachat* (*rachatum*), l'héritier étant censé *racheter* la propriété du fief, tantôt celui de droit de *plait* (*placitum*) (1).

Le droit de relief ou de rachat était à l'origine arbitrairement fixé par le seigneur, redevenu maître du fief. Quand le fief devint héréditaire, la coutume ne tarda pas à en déterminer la quotité. La coutume d'Amiens fixait le droit de relief à 60 sols parisis pour le fief tenu en plein hommage et à 10 livres parisis pour le fief tenu en pairie (2). Généralement, il était du revenu net d'une année.

En vertu du *droit de meilleur catel* (3), le seigneur ou son

---

(1) Ce mot rappelle la période où les fiefs revenaient de plein droit au suzerain. C'était alors le plait à *merci*. Quand les droits de relief furent établis, les plaits furent nommés *plaits abonnés*, lorsque les droits étaient réglés par des titres ou concessions de fiefs, et *coutumiers* lorsqu'ils l'étaient par la coutume. Le plait était dû, en quelques pays, aux mutations de seigneur et de vassal.

(2) On distinguait trois sortes d'hommages : l'hommage ordinaire, plain ou plane et lige. L'hommage ordinaire, exprimé par le terme *homo*, assujettissait le vassal à trois choses : la fidélité, le conseil et l'aide Le *planum hominium* (*planus : simplex, nudus*, dit Du Cange) était un diminutif de l'*homo*. L'hommage plain, plane, plein, n'astreignait le vassal à aucun service soit de cour, soit de justice, soit d'ost; de telle sorte, que ce vassal en était quitte, en ce qui concernait ses devoirs de fidélité, pour ne point prendre parti directement ni indirectement contre son suzerain. L'hommage lige imposait les obligations les plus étendues; service personnel en temps de guerre, fidélité contre tous, etc.

(3 *Catel* de *Capitale*, signifiant troupeau dans la basse latinité.

bailli prend, à son choix, le meilleur meuble de la succession parmi les lits, tapisseries, bagues, ou le meilleur cheval; c'est ce qu'on appelle le *cheval de service*; à défaut de cheval, il est dû par le vassal, une fois dans sa vie, quand le fief vaut en revenu la somme de dix livres tournois au moins, 60 sols, d'après les coutumes de Montargis et d'Orléans, 100 sols, s'il n'est abonné à plus ou moins, d'après les coutumes d'Anjou et du Maine, qui spécifient que le cheval de service est dû à la mort et du suzerain et du vassal. Dans certains fiefs, il n'est dû toutefois qu'un cheval, quand le suzerain et le vassal meurent dans la même année. Cette particularité lui a fait donner le nom de *cheval de rencontre*. *Cheval traversant*, dans certains cas: mort du vassal à qui est dû le cheval de service ou de rencontre, lequel va non à ses héritiers, mais au suzerain et est appelé pour cette raison *traversant*, etc. (1).

Dans certain pays, le cheval de service dispensait de tout droit de rachat, ou de plait ; dans d'autres, il s'y ajoutait.

Lorsque le propriétaire d'un fief ne laissait en mourant que des enfants mineurs, ce n'était pas seulement au payement du relief que le suzerain avait droit : la règle des fiefs lui attribuait la *garde-noble* (et *garde-royale* quand le suzerain était le roi) des mineurs et de la seigneurie, jusqu'à la majorité du vassal, ordinairement fixée à 21 ans pour les hommes et à 15 pour les filles. Ce droit était aussi appelé *bail* par quelques coutumes et le titulaire prenait le nom de baillistre. Les baillistres, pendant la durée du bail, usaient de toutes les prérogatives et de tous les droits du seigneur, comme ils en remplissaient toutes les obligations.

2° Droits perçus sur les ventes de terres nobles. — La transmission des fiefs entre vifs par vente ou par donation était aussi assujettie à une perception, qui, par son origine et son principe, se rapprochait des droits de relief. Ici c'était l'autorisation d'aliéner que le vassal demandait à son suzerain contre le paiement d'une taxe, que beaucoup de coutumes fixèrent au cinquième du prix de vente : d'où le nom

---

(1) DE LAURIÈRE. Glossaire.

de *quint* (1); quelquefois, on perçut, en outre, un droit supplémentaire, qui fut le cinquième du droit principal et que pour ce motif on appela *requint*. Le droit de requint était encore appelé *venterolles*.

Enfin, il y avait, dans certaines provinces, le *droit de quint et de requint en montant*. Il était calculé sur la valeur du fief vendu, augmenté du cinquième du prix de vente et du cinquième de ce cinquième. Pour un fief vendu 100.000 fr., le droit se percevait sur $100.000 + 20.000 + 4.000 = 124.000$ et était : le quint de 24.800 francs et le requint de 4.960.

Le droit de mutation sur les ventes de fiefs fut d'abord payé par le vendeur, puis moitié par le vendeur et l'acquéreur, enfin par ce dernier seul.

Droits de mutation sur les tenures roturières. — Rappelons au lecteur que, parlant des droits, perçus par le seigneur dans son domaine, nous avons réservé cette question des droits de mutation sur les tenures roturières pour la traiter en même temps que celle des droits de mutation sur les tenures nobles, les unes et les autres découlant du même principe.

Pour la mutation après décès, l'héritier roturier acquitte, comme l'héritier noble, un droit de *relief* (*relevium*) ou d'*acapte* (*œcapitatgium*, etc.) (2). Il est généralement du double du menu et du gros cens.

Un droit d'*arrière-acapte* est dû, au contraire, au décès du seigneur.

Droit de marciage. — « Par le droit de marciage, le seigneur censivier et direct a droit de prendre de trois années la dépouille de l'une, quand ce sont des fruits naturels ; mais si ce sont des fruits industriaux, comme labourages ou vignes, le seigneur ne prendra que la moitié de la ditte dépouille (3). »

---

(1) Chez les Romains, la taxe appelée *centesima rerum venalium*, que nous avons vue prélevée sur la vente des denrées. Elle fut appliquée ensuite aux aliénations de biens par adjudications et enfin remplacée sous Caracalla par une taxe judiciaire, fixée au quarantième de la valeur des objets en litige et plus tard au dixième, au cinquième : *vectigal quintæ*.

(2) De *acaptare*, acheter.

(3) *Cout. gén.*, t. II, p. 411.

C'était un droit de mutation, dû au décès et du seigneur et du tenancier (1).

Droit d'essongne ou d'essogne. — Ce droit était une suite du droit de mainmorte. Nous avons vu que le seigneur était maître de la succession du serf. En conséquence de ce droit, le seigneur ne rendait aux héritiers du serf, quoique affranchi, les biens de ce dernier que contre une redevance, payable le jour du trépas du *de cujus*. Le droit d'essogne était le même que le droit de meilleur catel (dans le Hainaut et la Flandre), permettant au seigneur de prendre le meilleur effet mobilier dans la succession d'un serf affranchi ou de son descendant : catel *personnel*. Au cas d'affranchissement collectif, les paroisses affranchies payaient aussi un droit de catel : catel *réel* ou *local*.

Le droit d'essogne devint un droit, dû par les héritiers ou successeurs au seigneur dans la censive duquel le défunt possédait des héritages au jour de son décès. (Coutume de Reims.) Son montant était très variable. D'un denier parisis, de deux, ici, là, de douze et même du double, il atteignait dans certains lieux la moitié du cens annuel payé pour l'héritage.

La transmission de terres roturières entre vifs donnait lieu à la perception de droits, qui portaient généralement le nom de *lods* ou *los* (2) et *ventes*. Dans quelques coutumes, on les appelait *honneurs*, ou *accordements* ou *ventes et gants* (3).

Quelques coutumes distinguaient les *lods* des *ventes*. D'après la coutume de Troyes (art. 2), le vendeur devait les ventes et l'acheteur les lods et par moitié. L'article 199 de la Coutume de Meaux porte que l'acheteur devait la moitié des lods et ventes et le vendeur l'autre moitié, « s'il n'est dit francs deniers au vendeur (4) ». D'autre part, en la Con-

----

(1) Du Cange.
(2) De *laudes, laudimia, laudiniæ, laudamentum,* etc., venant de *laudare,* approuver. Toutefois, dans certaines coutumes, on donnait indistinctement ces noms aux droits dus tant pour la vente de fiefs que pour celle de fonds roturiers.
(3) Les seigneurs se gantaient effectivement pour procéder à la mise en possession du nouvel acquéreur. Ils abandonneront le droit de gants à leurs officiers.
(4) De Laurière. *Glossaire.*

tume d'Etampes (art. 46), lods et ventes ne sont qu'un seul et même droit (1). Cette distinction des droits de lods, payés par l'acheteur, et de ventes, par le vendeur disparaîtra et les deux droits se confondront à partir du xiiie siècle.

La coutume d'Auxerre fixe le montant des lods à deux sols et celui des ventes à vingt deniers. Le taux des lods et ventes est en général fixé au douzième de la valeur des biens (2). Il est donc moins élevé que celui des droits analogues perçus sur les fiefs.

Droit de *vest* et de *dévest*, dû au seigneur censier, quand il désaisine le vendeur et ensaisine l'acquéreur, « lequel autrement ne peut prendre, de son autorité, sans offense, la possession de l'héritage vendu (3) ». L'investiture comportait un cérémonial ou la remise d'un objet symbolique : motte de terre, bâton, rameau, couteau, brins d'herbe, de paille, etc., etc., que le vendeur remettait au seigneur, lequel le passait à l'acheteur. Le même que le *droit de werpt*, en la coutume de Béthune (4), qui est de douze deniers parisis. payables par l'acquéreur de l'héritage-cotier ou censuel aux échevins, présents à la désaisine et à la saisine.

Droit d'*estocage* ou *estogage* : droit de 4 deniers, dû au seigneur pour la vente d'un héritage, au lieu de relief.

Droit de *reventons*, dû, outre les lods et ventes, par l'acheteur au seigneur censuel, quand il a acheté l'héritage chargé de cens « à la charge d'acquitter le vendeur du droit de lods (5) ». Cout. de Melun. Il était de 20 deniers tournois pour livre de la somme que ledit vendeur doit pour led't droit de lods. Ce droit s'appelle encore *venterolles, reventes, retiers, resixièmes*.

Droit de *drouilles*, drôlées (6): ce qui se donne au seigneur ou à ses officiers par-dessus le prix d'une vente.

---

(1) De Laurière. *Glossaire.*
(2) De Laurière. *Glossaire.*
(3) De Laurière. *Glossaire.*
(4) De Laurière. *Glossaire.*
(5) De Laurière. *Glossaire.*
(6) *Cout. gén.*, t. Ier, p. 106.
(7) *Druaglia.* Du Cange. *Druliæ*, art. 83 des statuts de Bresse et de Bugey.

Droit de *tiers denier de vente* (en Nivernais) : tiers du prix de vente de l'héritage bordelier. *Tiers en montant, en ascendant*, tiers en sus. Nous avons parlé des droits de tiers et danger, perçus à la vente des bois en Normandie.

Droit d'*escarts* : « droit de cent livres dix livres qui sont dus sur tous les biens, meubles et cateux qui viennent et échéent de bourgeois ou bourgeoise en la main de personne foraine non bourgeois et non bourgeoise, pour fait et cause de don, d'hoirie », etc.; dû par la femme et fille bourgeoise qui prend un mari en dehors de la ville (1).C'est le même que le droit d'*escas*, dû à la ville sur « les biens meubles, cateux et héritages réputez meubles » quand un non bourgeois succède à un bourgeois (2).

Les droits de lods et ventes étaient encore remplacés,pour les biens roturiers, comme pour les biens nobles, par le droit d'*acapte* ou d'*entrage* (*intragium*), qu'on appelait encore droit d'*issue*, consistant en quelques deniers d'entrée « *quasi pro ingressu et introitu* », payés au bailleur. Droit d'*acquit* (cout. de Ponthieu, art. 85 et 86), dû au seigneur censuel le jour de la vente de l'héritage tenu à cens.

Le seigneur, sur la terre, le suzerain, sur le fief, pouvaient exercer, avant la vente, le droit de *prélation* ou de *retrait*, droit de préférence, qui leur permettait de reprendre possession de la terre ou du fief, au prix donné par l'acquéreur. Prélation *féodale*, quand il s'agissait d'un fief; prélation *censuelle*, quand il s'agissait d'un héritage roturier.

La vente de terres roturières ou nobles à l'Eglise et de fiefs aux roturiers, donna lieu à la perception des droits d'*amortissement* et de *franc-fief;* on se rappelle que nous avions également réservé cette question.

Aux premiers temps de la féodalité, ces ventes étaient rares ; la possession d'une terre noble par un roturier était une exception. La noblesse trouvait à employer son activité sur ses terres. Mais quand le système féodal fonctionna réguliè-

____

(1) DE LAURIÈRE. *Glossaire*, etc.

(2) Coutume de la villé et eschevinage de Douay, ch. XV. Il est vraisemblable que ces droits, réservés par les communes, ne remontent pas au-delà du mouvement communal.

rement dans tout le pays, que la paix générale, surtout
la trève de Dieu, instituée vers 1041, firent des loisirs aux
turbulents chevaliers, ils ne purent résister au besoin d'aller
au dehors chercher des aventures. On vit, durant le xiᵉ siècle, les Bourguignons en Espagne et en Portugal, les Normands à Naples, en Sicile, en Angleterre dont Guillaume
le Bâtard fit la conquête à la suite de la bataille d'Hastings
(octobre 1066), et des représentants de la noblesse de toutes
les provinces sur les chemins menant à Jérusalem, où la
France marchait à la tête de toute l'Europe.

Pour se mettre à même de satisfaire leur humeur belliqueuse, les seigneurs eurent recours aux aliénations de terres au profit de l'église et des roturiers, à la simple vente
(aux églises surtout) d'exemptions de redevances et de services féodaux, aux affranchissements de serfs.

Nous avons dit pourquoi on appelait le servage mainmorte et les serfs gens de mainmorte. On donna le même
nom aux corporations ecclésiastiques (1), qui avaient la main
vive pour recevoir et *morte* pour rendre (2) ; les immeubles,
acquis par elles, ne sortaient plus de leurs mains, l'Eglise
s'étant interdit, au ivᵉ siècle, la faculté d'aliéner, pour em-
pêcher la dilapidation de ses biens par des ministres indi-
gnes (3).

Suzerains, pour les fiefs, seigneurs, pour les terres roturières, acquis par l'Eglise, perdaient donc généralement des
droits de mutation, qui n'auraient pas manqué de leur échoir
de temps en temps, si les mêmes fonds étaient restés en la
possession de particuliers. Aussi, vers la fin de la seconde
race, les églises et les monastères commencèrent à être trou-
blés dans leurs acquisitions.

On chercha à remédier à la situation. Dans le Midi, on
obligea la mainmorte à fournir pour chaque acquisition un
homme *vivant* et *mourant*, chargé de remplir les devoirs féo-

---

(1) Comme plus tard aux corporations laïques.
(2) CHÉRUEL. *Dict. des institut. de la France.*
(3) *Novellæ, VII. De non alienandis aut permutandis ecclesis-
ticis rebus immobilibus, aut in specialem hypothecam dandis cre-
ditoribus, sed sufficere generales hypothecas.*

daux et à la mort duquel les droits de mutation étaient dus. On eut encore recours à un moyen plus efficace et qui se généralisa. L'Eglise ne put acquérir dans la mouvance d'un seigneur qu'avec son consentement. S'il le refusait, elle était obligée de le remettre dans le commerce dans le délai d'un an et un jour. Elle touchait le prix de la revente, déduction faite du droit de mutation perçu par le seigneur. Dans le cas contraire, celui-ci *amortissait*, c'est-à-dire confirmait l'acquisition par des *lettres d'amortissement*, ainsi appelées parce qu'elles faisaient tomber la terre dans la classe des biens de *mainmorte*. Le droit d'amortissement représentait à l'origine deux ou trois ans du revenu de l'immeuble, dont l'acquisition était ainsi autorisée. Il était perçu par le suzerain immédiat ou seigneur dominant du fief *amorti*, ou par le seigneur pour les terres roturières. L'établissement des droits de mutation sur les fiefs étant du xi⁰ siècle, c'est en conséquence vers cette époque que l'on fait remonter l'institution du droit d'amortissement.

Il arrivait qu'un roturier, acquéreur d'un fief, obtenait du suzerain de son vendeur l'exemption de devoirs féodaux et particulièrement la libération du service militaire, qu'il ne voulait ou ne pouvait pas accomplir ; car les roturiers n'étaient pas inhabiles à porter les armes. Le roturier payait alors au suzerain un droit de *franc fief*, qui, comme le droit d'amortissement, représentait deux ou trois années du revenu de l'immeuble.

Les affranchissements de serfs étaient rares durant la période féodale proprement dite. Il ne semble pas y avoir eu, pour l'affranchissement, un prix déterminé, uniforme. Ici le seigneur affranchissait, moyennant finance, là, en usant du droit de meilleur catel, ou d'essogne, dont nous venons de parler (1).

On ne tarda pas à s'apercevoir que des conventions de cette nature n'affectaient pas seulement les droits des intéressés dont nous venons de parler, mais encore les seigneuries supérieures, de degré en degré, dont elles diminuaient

---

(1) Guyot. Répertoire universel et raisonné de jurisprudence.

la valeur, qu'elles *abrégeaient*, selon le terme de l'époque. Il fut dès lors admis que le serf, affranchi (1) par son seigneur immédiat, sans le consentement du seigneur dominant, retombait dans la servitude de ce dernier; que l'affranchissement par le seigneur supérieur opérait de même la dévolution du serf au suzerain plus élevé et ainsi de suite jusqu'au roi. De même, lorsque le seigneur dominant transigeait sur l'accomplissement du service militaire noble, qui lui était dû, avec le roturier, acquéreur d'une terre relevant de lui, il fut reconnu que le suzerain acquérait l'hommage et les services du fief, que son vassal affranchissait de la *dominité* sans son consentement, et, qu'après avoir traité avec celui-ci, on devait traiter avec les autres seigneurs, jusqu'au degré le plus élevé.

Ces principes devaient s'étendre aux acquisitions faites par les églises et en outre aux biens possédés en vertu de lettres d'amortissement. « Pour obtenir un amortissement total et parfait, dit Moreau de Beaumont (2), il fallait payer finance au seigneur immédiat et à tous les seigneurs médiats, de degré en degré jusqu'au roi. A défaut de cette condition, l'on pouvait saisir ou, comme on disait alors, *mettre en sa main* les terres possédées par l'Eglise dans sa mouvance. »

On s'imagine aisément combien, avec de semblables prétentions, devinrent rares les affranchissements de serfs, ainsi forcés à racheter plusieurs fois leur liberté, les ventes aux églises et aux roturiers, qui se trouvaient dans l'obligation de verser plusieurs fois la valeur des droits ou des fiefs achetés. D'autre part, la rétroactivité de ces principes engendra un désordre inexprimable, les seigneurs se saisissant des biens, pour la possession desquels les anciens acheteurs refusaient de *financer* à nouveau.

Le règlement de toutes ces difficultés appartient à la période suivante.

----

(1) On pourrait se demander comment l'affranchissement du serf abrégeait un domaine. Il détachait du domaine, dont il faisait partie, le serf, qui figurait jusqu'alors dans les aveux et dénombrements, avec les immeubles par nature ou destination.
(2) *Mémoire sur les impositions et droits*, t. IV, p. 566.

§ 2. Droits perçus par le roi dans le royaume.

Les redevances, perçues par le roi, participent de sa triple qualité de seigneur et de suzerain sur ses terres, puis de roi, non pas souverain, mais simplement suzerain des grands feudataires ou, si l'on veut, comme on dira plus tard, *souverain fieffeux* du royaume. Nous ne parlerons pas de celles qu'il perçoit comme *seigneur* et comme *suzerain* dans son domaine, puisque ce sont les mêmes que celles des autres seigneurs.

Parmi les droits de suzeraineté, exercés par le roi hors de son domaine, nous distinguerons d'abord les droits *réga liens*. Ces droits, attachés à l'exercice même du pouvoir royal, avaient fait naturellement partie du domaine, sous les deux premières races, jusqu'au jour où les grands vassaux se les approprièrent comme inhérents à la souveraineté qu'ils exerçaient dans leurs terres. Il en résulta que le roi ne les perçut plus que dans sa circonscription territoriale, comme seigneur.

Il y a cependant quelques droits régaliens que le roi continue à exercer et qui sont comme un débris du pouvoir souverain resté entre ses mains. Tels sont le droit de concession d'immunité, dont les Carlovingiens avaient fait un tel abus qu'il avait été une des causes principales de leur chute; les droits de voirie sur les grandes routes et les rivières navigables. La monnaie royale a cours dans tout le royaume, celle des seigneurs n'étant reçue que dans leurs terres, etc.

D'autres droits lui sont attribués par le contrat féodal. C'est ainsi que le roi rend la justice entre ses grands feudataires ou examine les plaintes des vassaux contre leur suzerain, lorsque ce dernier relève immédiatement de la couronne. Il sanctionne certains engagements entre seigneurs laïques ou religieux par des amendes, dont partie lui revient.

A titre de roi féodal, chargé d'assurer la sécurité dans la possession des fiefs et l'intégrité du royaume, il a la perception de tous les droits domaniaux pour mutation de grands fiefs : droits de relief, de quint et de requint, puis des redevances spéciales,dont les unes sont corporelles et les autres pécuniaires. Elles se ramènent toutes à trois : 1° aides féodales ; 2° redevances en remplacement du service militaire ; 3° taxes d'exportation appelées droits de foraine.

Durant l'époque féodale, il n'y a qu'une circonstance, la guerre dans un intérêt national, où la puissance royale soit amenée à exercer son action. Toute pensée d'établir un impôt universel, basé sur un intérêt de pure administration, se serait heurtée à la résistance des seigneurs, souverains dans leur petit Etat, et des hommes de chaque seigneur, qui ne connaissaient que lui. Il faudra les excès de la féodalité pour déterminer les roturiers et les serfs, poussés à bout par la tyrannie du maître, à préférer à l'administration seigneuriale l'administration royale.

En général, pour ce qui concerne les droits de suzeraineté, on peut dire que les derniers Carlovingiens et les premiers Capétiens ne purent guère les exercer sans se heurter à des contestations, solutionnées la plupart du temps selon le degré de puissance des opposants. Aussi n'est-ce que pour mémoire que nous mentionnons les redevances ci-dessus.

Là s'arrête notre étude des droits féodaux; ainsi que nous l'avons dit au commencement du chapitre II, nous n'avons pas la prétention d'en avoir dressé une nomenclature complète.

Dans notre historique sommaire du régime féodal, nous avons voulu donner au lecteur l'impression de ce qu'est l'administration du seigneur, qui gouverne son fief, comme un particulier exploite son fonds. Le suzerain au vassal, le seigneur aux roturiers et aux serfs, concède la jouissance de la terre, dont il garde le *dominium eminens*, le domaine éminent ou *direct*, pour employer le qualificatif de l'époque. En retour, vassal, roturier et serf doivent des services et des redevances.

Le vassal noble doit surtout des services nobles.

Le roturier dépend plus ou moins de son seigneur, parfois selon sa profession. Il est indéniable que la condition des roturiers des villes est moins dure que celle des roturiers des champs, des vilains, que le seigneur, tyrannique et capricieux, est presque toujours tenté de confondre avec ses serfs. Ceux-ci sortent un peu de l'esclavage antique par la personnalité que la féodalité leur donne ; mais ils n'en restent pas moins, en droit et en fait, courbés sans règle sous le joug d'un maître absolu.

Dans ces conditions, quoi d'étonnant à ce que l'administration se rapporte exclusivement au seigneur, personnification du pouvoir, de l'Etat ? Et quel pouvoir ? Le plus absolu, puisque le seigneur lui a donné pour base la propriété. Le seigneur est le propriétaire du sol et de ses hommes.

Ce n'est pas tout. Dans notre Etat moderne, la séparation des pouvoirs peut prévenir l'abus qu'il pourrait faire de sa puissance. Le seigneur, lui, avec les attributions politiques, réunit dans sa main les attributions judiciaires. Il édicte les lois, exerce la police, prononce les condamnations en matière pénale. Aucune institution ne contrôle ses actes ni ne limite son omnipotence.

Le régime fiscal, dont nous n'avons pu donner qu'une faible idée, est l'application du régime politique, son expression même. La coutume intervient, il est vrai, pour régler les droits et les devoirs. Même, comme à Rome, le cens, livre cadastral, avait donné son nom à l'impôt, on finit par appeler *coutumes* les redevances féodales. Mais quelle peut être l'influence de coutumes non écrites (1) sur les exigences d'un despote tout puissant. Pierre le Vénérable, abbé de Cluny, écrivait à saint Bernard, abbé de Clairvaux, dans la première moitié du xiiᵉ siècle : « Personne n'ignore combien les seigneurs séculiers oppriment les gens de la campagne et les serfs ; ces maîtres injustes ne se contentent pas de la servitude ordinaire et acquise ; mais ils s'arrogent sans cesse et sans miséricorde les propriétés avec les personnes et les personnes avec les propriétés ; outre les redevances accou-

---

(1) On donne pour origine aux coutumes des usages locaux, une sorte de droit incertain qui prit naissance lorsque toutes les lois tombèrent dans l'oubli à la suite des désordres et de l'anarchie, qui désolèrent la France sous les successeurs de Charlemagne.

tumées, ils leur enlèvent leurs biens trois ou quatre fois dans l'année ; et aussi souvent que la fantaisie leur en prend, ils les grèvent d'innombrables services, leur imposent des charges cruelles et insupportables, et ainsi les forcent presque toujours à abandonner leur propre sol et à fuir (1). » Capefigue dit, dans son ouvrage : *Hugues Capet et la troisième race :* « Quand le seigneur a besoin d'argent, il faut bien qu'il en trouve ; s'il ne peut pressurer les juifs, piller les marchands, il multiplie les droits de frontières, il lève des deniers de toutes espèces ; les droits inventés par la fiscalité grossière des seigneurs sont inouïs... » Jacques de Vitry, dans son *Histoire des croisades*, ne fait pas de constatations moins amères : « Tout couverts de fer, les seigneurs assiégeaient les voies publiques et ne ménageaient ni les pélerins ni les religieux... Ils opprimaient les pauvres par leurs préposés et leurs satellites, dépouilllaient les veuves et les orphelins, leur dressaient des embûches, répandaient des calomnies et leur imputaient de faux crimes pour leur extorquer de l'argent. »

Maître des hommes et du sol, le seigneur dispose en maître des premiers et des revenus du second.

Cette conclusion explique la fiscalité de la période féodale proprement dite et des siècles qui la suivent. Car, victorieuse de la féodalité, la royauté prend sa place dans le fief, s'approprie tous ses droits sur la terre et sur les hommes. C'est ainsi qu'on a pu dire que le principe monarchique était sorti fortifié de l'épreuve féodale. Presque parlementaire, en somme, sous les deux premières races, les Mérovingiens et les Carlovingiens prenant généralement, dans l'examen des questions les plus importantes, l'avis des grands et du clergé, le gouvernement devient, avec les successeurs des premiers Capétiens, le plus absolu qui soit, et longtemps encore, sur le trône, le roi de France restera le roi féodal, exerçant sur le royaume le pouvoir, employant les procédés fiscaux du seigneur dans son domaine.

Cette conclusion serait toutefois trop sévère si elle était

------

(1) *Epit.* 28, *lib.* I.

généralisée, appliquée au pays tout entier, si nous omettions
de rappeler la coutume en ce qui concerne les aides gracieuses, votées, dans certains cas, par les vassaux. Rome imposait l'impôt. Dans les dernières années de sa domination dans
les Gaules, elle avait cependant institué une assemblée, qui devait se tenir annuellement à Arles et réunir dans cette ville les
représentants de la Gaule méridionale, autorisés à présenter
leurs observations sur l'administration en général et l'impôt
en particulier (1). Mais c'est l'invasion germanique qui ap-
porta en germe le principe du vote des contributions extraordinaires, accordées par les grands du royaume dans les
Champs de Mars de la période mérovingienne, que Pépin le
Bref remplaça par les Champs de Mai. Les seigneurs durent
tenir à la conservation de cet usage, qui se perpétua par le
vote des aides gracieuses. La maxime : « nulle taxe n'est légitime si elle n'est consentie par celui qui doit la payer »
était admise dans la société féodale (2). »

---

(1) Isambert. *Recueil général des anciennes lois françaises*. t. III,
préface, page 31.
(2) Guizot. *Histoire de la Civilisation en France*, t. IV, p. 73.

CHAPITRE IV

LE TRÉSOR ROYAL SOUS LES PREMIERS CAPÉTIENS

Le roi étant assimilé financièrement, comme il l'était politiquement, à ses hauts feudataires, le lecteur connaît les divers revenus alimentant le Trésor sous Hugues-Capet et ses successeurs immédiats, qui appartiennent à la période féodale proprement dite. La plupart de ces revenus sont produits par le domaine. Il n'est même pas rare de voir, dans les documents de l'époque, le mot Trésor désigner le domaine, qui en était la principale, sinon l'unique ressource.

Et d'abord, qu'entendait-on par domaine en matière fiscale? Il nous faut encore revenir à l'organisation financière de Rome, à laquelle les Mérovingiens furent bien obligés de faire de larges emprunts.

Les premiers empereurs romains avaient un double patrimoine : le *patrimonium privatum, sive rei privatæ aut dominicæ*, patrimoine privé, dont les revenus devaient être affectés aux besoins personnels de la maison de l'empereur, et le *patrimonium sacrum*, patrimoine public, dont les produits étaient consacrés aux dépenses publiques. Les premiers étaient centralisés par le *fiscus Cæsaris* (1), puis *fiscus* tout simplement, et les seconds par l'*œrarium publicum*. Toute différence vint par la suite à disparaître; le fisc absorba le Trésor public: *Fiscus dicitur publicum œrarium et publica ratio principis seu imperii* (2).

---

(1) Son institution se rattache à la division que fit Auguste de l'empire en *provinces du prince*, celles où il entretenait des légions, où il exerçait son titre d'*imperator*, dont il s'était réservé le gouvernement, et en *provinces du Sénat*, administrées par le Sénat qui y était représenté par des proconsuls.

Au début, il y avait un fisc dans chaque province; à partir de Claude, tous les services furent centralisés à Rome.

(2) *Lib.* 49. *Pand.* t. XIV.

De même que, dans les premiers temps de l'Empire romain, il y avait eu deux patrimoines, il y eut, durant la période barbare, deux sortes de domaines: le domaine privé, comprenant les propriétés personnelles du roi, dont les revenus étaient réunis dans la cassette royale, et le domaine public, consistant en terres attachées à la couronne, dont les produits, avec les redevances de toutes sortes, étaient encaissés par le Trésor royal. Sous la féodalité, on ne distingua plus ces deux domaines, qui n'en firent qu'un; il n'y eut qu'un seul Trésor royal, à l'entière disposition du roi.

Le domaine comprenait donc alors non seulement les terres, avec les droits et redevances y attachés, que le roi possédait propriétairement, comme seigneur, ou dont il était le suzerain immédiat, formant ce qu'on a appelé les *pays d'obéissance le roi*, mais encore les produits résultant du principe de la suzeraineté sur les autres parties du royaume, *pays de non obéissance le roi*.

Une troisième classe comprenait, faisant toujours partie du domaine, quelques-uns des *droits régaliens*, qui n'étaient pas tout à fait tombés dans le patrimoine des seigneurs et auxquels prétendaient les Capétiens, en leur qualité d'héritiers des Carlovingiens.

Mais, ainsi que nous l'avons dit plus haut, la perception des droits de suzeraineté et des droits régaliens sera des plus irrégulières, tant que la royauté trouvera devant elle des vassaux égaux, sinon supérieurs en puissance. Il ne pourra être fait état de ces droits qu'au fur et à mesure que l'extension des possessions de la couronne permettra à la monarchie d'imposer sa suprématie à la noblesse. Jusqu'alors le Trésor royal, comme celui des hauts barons, ne sera guère régulièrement alimenté que par les produits du domaine, que les premiers Capétiens percevront comme propriétaires et comme seigneurs.

Les terres appartenant au roi se divisaient en deux catégories. Les unes étaient *in alodio, fisco,* ou *dominio regale,* propres du prince et dont les habitants, nobles, bourgeois, vilains, hôtes et serfs, se trouvaient soumis à son autorité directe. Les autres étaient placées *in beneficio* ou *in feodo regis;* c'étaient les bénéfices (qui disparaîtront), les fiefs dont il était le suzerain immédiat, où il percevait les droits de suzerain sur ses vassaux directs.

A ces ressources, qui formaient les recettes *ordinaires,* s'ajoutait le produit des aides, qui constituaient les recettes *extraordinaires.*

Comment le Trésor percevait-il et centralisait-il ses revenus ?

A la tête des Finances se trouvait le sénéchal, un des grands officiers de la couronne.

Ce mot vient du bas latin *siniscalcus,* formé de deux mots germaniques : *sini-scalc,* qui signifient vieux serviteur, et, par suite, le chef des serviteurs. Les rois mérovingiens avaient un ou plusieurs sénéchaux qui surveillaient les officiers attachés à leur service. Sous la dynastie carlovingienne, les attributions de maire du palais passèrent partie au comte du palais, partie au sénéchal. Ce dernier avait plus particulièrement la direction de la table et portait le titre de *dapifer,* qui prévaudra sous les Capétiens. Au xie siècle, il était le premier des grands officiers du palais, une sorte de vice-roi. Il avait la surintendance de la maison royale et des finances, le pouvoir de rendre la justice au nom du roi et la conduite des troupes.

Devenus trop puissants, les sénéchaux seront une menace pour la royauté. En 1191, Philippe-Auguste, au retour de sa croisade, mettant à profit la mort du titulaire de la charge, Thibaud, comte de Blois, la supprimera.

Quelques grands feudataires avaient, comme le roi, des sénéchaux. La royauté, après l'annexion de leurs provinces, maintiendra ces officiers. Nous aurons l'occasion d'en parler, quand nous nous occuperons des baillis royaux; les uns et les autres exerçaient les mêmes fonctions.

Pour assurer et simplifier la perception des revenus du domaine, le sénéchal, en sa qualité de surintendant des finances, affermait les divers produits du domaine royal à un certain nombre d'intendants par voie d'adjudication aux enchères. Ces intendants semblent avoir été institués sur le modèle de ceux qui, dans les communautés ecclésiastiques, géraient les possessions éloignées de l'abbaye, et leur avoir emprunté le nom de prévôt (*præpositus*) : bayles ou bailes (*bajuli*) dans le Midi et même en Auvergne.

Dans les villes les plus importantes, il y avait deux ou trois prévôts, dont l'un sans doute avait autorité sur les autres.

Les prévôts étaient donc à l'origine de simples fermiers des revenus du domaine, à qui le roi concédait, dans l'étendue de la circonscription qui leur était assignée, le droit de percevoir, en retenant une quote-part, les cens, redevances, tonlieux, péages, reliefs féodaux et autres revenus d'origines diverses, qui constituaient l'actif du budget royal. Ajoutons qu'ils en acquittaient aussi les dépenses. Ils rendaient leurs comptes au Trésor ; la réunion de ces comptes particuliers constituait le rôle général des prévôtés de France.

A la ferme des revenus royaux les prévôts joindront ultérieurement des attributions administratives, judiciaires, militaires, qui feront d'eux les représentants directs de l'autorité royale dans le domaine. Pour exercer leurs multiples pouvoirs, ils auront sous leurs ordres, dans les centres importants, un viguier ou voyer (*vicarius, viarius*), dans les villages un maire (*major*), et de nombreux officiers subalternes (*bedelli, baillivi, servientes,* etc).

La prévôté paraît donc avoir été la circonscription domaniale la plus ancienne et la plus élémentaire de cette période. On ne connaît point la date de sa création, qui remonterait vers la fin de la période carlovingienne. Les prévôts étaient choisis parmi les prud'hommes, c'est-à-dire bourgeois notables. Ils furent de précieux auxiliaires pour la royauté dans sa lutte contre la féodalité et contre l'église.

La royauté n'était pas seule à avoir des prévôts pour son domaine.

Depuis les premiers temps de la monarchie, le Trésor était déposé dans une chambre (*camera*) du palais du roi, sous la surveillance du *chambrier* ou *grand chambrier* (*camerarius*), qu'on appelait encore trésorier (1), lequel avait sous ses or-

----

(1) Grégoire de Tours parle du *thesaurarius Glodovici*.

dres le *sacellarius*, chargé de la garde du *sacellum*, diminutif de *saccus* : *fiscus*, *thesaurus*, dit Du Cange.

Les rois de France prendront ombrage de la puissance des chambriers, qui viseront d'ailleurs à transformer ces fonctions en fief. De temps en temps, la charge sera laissée vacante (1121, 1138). Enfin Philippe-Auguste, que nous venons de voir supprimant les fonctions de sénéchal, enlèvera au chambrier la garde du Trésor, qui sera déposé au Temple. Les Capétiens éviteront la faute commise par les rois des deux premières races, qui avaient laissé les grands officiers de la couronne s'approprier leurs fonctions et s'ériger en maîtres.

Le domaine royal s'était dispersé sous les derniers Carlovingiens qui, sans revenus, sans soldats, assistaient impuissants au spectacle des guerres que se faisaient les grands feudataires de la couronne. Il ne restait à Lothaire, en toute propriété, que la ville de Laon, lisons-nous dans l'*Histoire de Paris* par D. Michel Félibien, revue, augmentée et mise à jour par D. Guy Alexis Lobineau. Hugues le Grand se la fit donner par Louis d'Outremer.

Hugues-Capet (987-996) reconstitua un domaine royal avec les terres, qu'il possédait comme duc de France, comprenant, outre de vastes domaines en Picardie et en Champagne, l'Isle-de-France, l'Orléanais, le pays chartrain, le Perche, le comté de Blois, la Touraine, l'Anjou et le Maine. Mais le nouveau souverain, roi par élection, dut nécessairement ménager l'Eglise et les grands, auxquels il devait la couronne. Des concessions volontaires ou des inféodations forcées, l'insubordination de vassaux directs puissants, qui s'emparèrent de charges, de villes, de terres royales, diminuèrent considérablement le domaine, dont il est difficile de déterminer exactement les limites, faute de documents, mais qui ne semble avoir compris que le comté de Paris et quelques parcelles plus ou moins étendues des comtés voisins: Orléans, Etampes, Melun, Senlis, Poissy.

Le domaine royal ne s'accrut point sous son fils Robert le Pieux (996-1031); l'occasion ne lui aurait point manqué pourtant. Le duc de Bourgogne, Henri, frère de Hugues-

Capet, étant mort sans enfants, son duché revint, après une longue guerre, vers 1016, au roi Robert, qui en investit Henri, son second fils.

Henri (1031-1060), devenu roi de France par suite de la mort de son aîné, Hugues, eut à combattre une coalition, que sa mère Constance avait formée contre lui dans l'intérêt de son troisième fils Robert et, bien que victorieux, transigeant avec son frère cadet, lui céda ce même duché de Bougogne. Robert fut la tige de la première maison capétienne de Bourgogne, laquelle subsista jusqu'en 1361.

Il est probable, lisons-nous dans l'*Encyclopédie méthodique* (Finances), au mot *Domaine*, que Robert et Henri craignirent d'ébranler leur trône encore mal affermi et de réveiller la jalousie des grands vassaux, qui n'auraient point vu d'un œil tranquille l'accroissement de puissance, que la possession de la Bourgogne aurait apportée à leur suzerain.

C'était alors un monarque bien peu redoutable qu'un roi de France, qui voyait sa capitale serrée d'un côté par les comtes de Champagne, lesquels, par eux ou par leurs alliés, occupaient depuis la Flandre jusqu'à Senlis et une partie de la Brie jusqu'à Melun. Les Normands venaient jusqu'à Pontoise. Les ducs de Bourgogne s'étendaient en-deçà de Sens et d'Auxerre. De sorte qu'après les environs de Paris l'autorité du roi n'était reconnue que dans l'Orléanais. Le pays chartrain, la Touraine et l'Anjou avaient leurs ducs et leurs comtes, qui se regardaient comme indépendants, et au-delà de la Loire, le roi n'était connu presque que de nom.

Henri Iᵉʳ, qui avait eu besoin de l'appui de Robert le Diable, duc de Normandie, pour garder sa couronne, l'en récompensa par la cession de la suzeraineté du Vexin français; elle lui sera restituée quinze ans après par Guillaume le Bâtard, qu'il aidera à triompher des seigneurs normands, lesquels, à raison de sa naissance, lui contestaient l'héritage paternel (1047). Henri Iᵉʳ conquit la suzeraineté du comté de Dreux, acquit le Sénonais, moitié en 1034 et l'autre moitié en 1055, par suite d'une convention passée avec le comte de Champagne.

Philippe Ier (1060-1108) reçut (1079) de Foulques, comte d'Anjou, le Gâtinais, avec des domaines importants en dépendant : acquisition précieuse par son étendue et sa situation entre Paris et Orléans; il acheta (1106) à Eudes Herpin sa vicomté de Bourges.

Voilà à quoi se réduisent, pour une période de 112 ans, de 996 à 1108, les incorporations au domaine royal (1).

Les Capétiens ne recevant que les produits des droits domaniaux et de l'aide féodale, impôt subsidiaire, dû seulement dans des cas déterminés, ne disposant guère par conséquent de plus de revenus que leurs grands feudataires, on se demandera comment ils parvenaient à remplir les obligations incombant à la royauté ?

Les plus grandes dépenses étaient alors celles des travaux publics et surtout celles des guerres. On sait que les écoles étaient à la charge du clergé, chargé de l'enseignement.

Les travaux publics de la seigneurie étaient à la charge du seigneur, depuis le jour où les ducs, les marquis, les comtes, et, après eux, leurs vassaux, gardant l'impôt, avaient assumé les dépenses du domaine. La royauté n'avait donc qu'à pourvoir aux travaux publics du domaine privé du roi ; nous savons que c'était au moyen de redevances personnelles ou pécuniaires, fournies par ses sujets.

Quelle était la participation de l'Etat aux dépenses des guerres ?

Ces dépenses étant une des causes principales des embarras financiers de la période suivante, on comprendra que nous nous occupions tout spécialement du service militaire. Parmi les questions importantes de cette époque

______

(1) Les historiens financiers — il faut toutefois en excepter Ad. Vuitry — ne font point à la question domaniale la place que lui assigne son rôle dans les finances de l'époque. Si, pour cette période, l'histoire politique de la France se réduit à l'histoire du domaine, c'est surtout vrai pour son histoire financière. Enfin, les historiens de la dette publique seraient moins que personne fondés à se désintéresser de la question domaniale ; les ventes du domaine conduiront tout naturellement à l'idée de la création de la rente. Que cependant le lecteur ne s'attende pas à trouver ici un historique détaillé de toutes les annexions de provinces au domaine de la couronne; ce travail dépasserait le cadre de cet ouvrage.

lointaine il en est peu du reste qui aient, à l'égal de celle-là, attiré et retenu l'attention des érudits.

Le règlement du service militaire était un legs du passé ; il n'est pas inutile, pour bien l'expliquer, de remonter jusqu'à la période gallo-romaine. Ce retour en arrière nous permettra d'ailleurs de compléter la notion un peu sommaire que nous avons donnée de la féodalité.

Rome récompensait les actions d'éclat ou de dévouement à la chose publique par l'octroi de bénéfices (*beneficia*). Sous Nerva (96-98), il y eut même un registre où étaient consignées les faveurs accordées au nom de l'empereur : *liber beneficiorum*. Ces bénéfices consistaient primitivement en promotion à un grade supérieur, exemption d'une charge, don d'une somme d'argent ou de terres prises sur l'*ager publicus*.

Dès le III siècle, on donna ce nom de bénéfices à des concessions de terres, faites, non plus à titre de récompense, mais sous certaines obligations, dont la principale, originairement même sa raison d'être, était le service militaire. Pour protéger l'empire contre les invasions de barbares, on créa, en Europe et en Asie, sur les frontières, des établissements militaires (*castella*), où les vétérans reçurent des fonds, pour eux et pour leur famille, à la condition d'y résider et de défendre la frontière : de là leur nom de *terræ limitaneæ, fundi limitanei, fundi castellorum*.

Les vétérans avaient non la propriété, mais la simple jouissance de ce bien, transmissible de plein droit à leurs fils, toujours sous la condition du service militaire. A défaut d'hoir mâle, ces terres revenaient à la légion dont le défunt faisait partie ; car elles ne pouvaient être possédées par d'autres que par des soldats.

Les colons militaires n'occupant ces terres que par devoir, sans jamais renoncer à l'idée de s'en retourner au pays natal, Alexandre Sévère, dans le but de détruire cet esprit de retour, déclara héréditaires quelques-uns de ces bénéfices.

Le recrutement des armées devenant de plus en plus difficile, Rome attacha à la défense de ses frontières des colons étrangers, *leti* ou *gentiles*, qui reçurent des terres (*terræ leticæ*), en toute propriété, à charge de défense du territoire. C'est ainsi que s'établit, en l'an 344 sur les bords du Rhin, une tribu de Francs, dits Ripuaires ou Ripaires (1). Rome appelait ainsi les colons qu'elle chargeait de la défense des rives du Rhin.

Voilà donc la terre devenant une condition du service militaire.

Nous retrouvons l'institution bénéficiaire, légèrement déformée, sous les Mérovingiens. C'est par des concessions viagères de terres, prises sur le domaine royal, que les rois s'attachèrent leurs compagnons, les grands du royaume, astreints à des obligations personnelles à leur égard et c'est encore le nom de bénéfices qu'on donna à ces concessions. Mais, — et c'est en ceci que les bénéfices mérovingiens différèrent des anciens bénéfices, — les premiers n'impliquèrent pas nécessairement l'obligation du service militaire, *qui était dû par tous les hommes libres* (2).

Ces bénéfices royaux rappelaient plutôt un autre bénéfice de la période gallo-romaine, dont nous n'avons pas cru devoir parler, pour ne pas obscurcir la question: le précaire (*precarium*), consistant dans la cession, à temps et à titre gratuit, d'une terre par son propriétaire à une personne qui l'avait demandée (*precarium*, de *precari*), cession qui était le prix de services rendus ou à rendre. Depuis le iii° siècle, de grands propriétaires, des corporations, des villes, des temples païens, des églises chrétiennes concédaient fréquemment leurs biens sous la forme du précaire, à charge alors par le bénéficiaire du paiement d'un cens annuel: gratuit à l'origine, le précaire remplaça ainsi souvent le fermage libre.

L'institution du précaire gallo-romain devait être d'autant plus facilement acceptée par les rois francs que c'était par des dons mobiliers que, dans les forêts de la Germanie, les

______

(1) Emile Levasseur. *Histoire de la population en France*.

(2) A la proclamation du *heribannum*, hériban, tous les hommes libres devaient s'armer, s'équiper à leurs frais et se rendre à l'armée royale. Ceux qui n'obéissaient pas à l'ordre royal, sans excuse de maladie, étaient passibles d'une amende qu'on appelait le hériban.

chefs de tribus récompensaient les services de leurs compagnons (1). Les cessions de terres remplaçaient les dons d'armes, de chevaux, etc.

Les historiens sont même divisés sur l'origine des bénéfices royaux de la période barbare, les uns l'attribuant à cet usage, les autres la faisant remonter aux bénéfices romains.

Mais voici reparaître le bénéfice militaire romain.

L'invasion sarrasine, arrêtée et brisée à Poitiers (732), avait montré les avantages de la cavalerie. Les armées royales, formées par la levée de tous les hommes libres, étaient surtout composées de fantassins. Comment se procurer des cavaliers, dont l'équipement était plus coûteux ? Cette nécessité fut sans doute la cause principale de la première sécularisation d'une grande partie des biens de l'église, opérée par Charles-Martel. Le domaine royal était réduit à presque rien, tandis que le clergé séculier et régulier possédait d'immenses territoires. Charles-Martel et ses successeurs enlevèrent aux évêchés et aux monastères des terres, qui en dépendaient, pour les distribuer, sous la forme de *bénéfices*, à des vasseaux (*vassi*), à la condition qu'ils seraient plus spécialement astreints au service de cavalerie. Ces bénéficiers à cheval concédèrent à leur tour de petits bénéfices à leurs propres *vassi*, qui devaient être montés.

C'est ce qu'on a appelé les *bénéfices militaires*, dont il a été question à propos des *dîmes militaires*.

Cette spoliation prit des proportions formidables; mais il y a lieu de faire remarquer que l'Eglise ne fut pas, en principe, complètement dépouillée des biens, ainsi distribués aux leudes, et que la sécularisation de ces biens ne fût que partielle. On n'enleva pas aux évêques et aux abbés la *propriété* de leurs terres ; on disposa seulement des *précaires*, qui avaient été concédés par eux à diverses personnes, auxquelles les nouveaux bénéficiers furent substitués, dans leurs droits,mais aussi dans leurs devoirs vis-à-vis de l'Eglise.Ces

____

(1) TACITE. *Germ*. Caput. XIV.

concessions bénéficiaires furent, en outre, essentiellement viagères.

Ajoutons cependant que, dans la pratique, il ne fut guère
tenu compte de cette distinction et qu'une fois en possession
de la terre, des églises et des monastères, la plupart des
bénéficiers allèrent même jusqu'à s'emparer de l'épiscopat
et des dignités abbatiales, qui se transmirent comme des
héritages. Des évêques, des abbés, pour sauver ce qui leur
restait, n'eurent d'autre ressource que de transformer leurs
propriétés en bénéfices militaires, concédés à des seigneurs,
qui leur devaient aide et protection; d'autres prirent le parti
de se charger eux-mêmes de leur propre défense. On vit
alors la plus grande partie du haut clergé délaisser sa tâche
apostolique. Bien monter à cheval, lancer adroitement des
flèches, se distinguer à la chasse ou dans les exercices des
camps, telle sera la préoccupation principale des plus grands
dignitaires de l'Eglise.

Charlemagne fit du service à cheval la charge exclusive
non seulement des bénéficiers royaux, mais encore de tous
les propriétaires fonciers. Ceux qui possédaient quatre man-
ses (cap. de 803) ou seulement trois (cap. de 807) devaient
s'équiper à leurs frais et servir en personne. Ceux qui
avaient une moindre quantité de terre s'associaient en plus
ou moins grand nombre, suivant leur avoir, pour contribuer
à l'équipement et à l'entretien d'un des leurs, qui les rem-
plaçait à l'armée.

Toutefois une différence subsistera entre les propriétaires et les bénéficiers royaux. Les premiers ne devaient se
rendre à l'armée que pour un temps, limité par les capitulaires à 40 jours, alors que les seconds, généralement con
voqués avant les premiers, devaient marcher à toute réqui-
sition.La conclusion sera donc celle-ci:Ce n'est point comme
sujets, puisque tout homme libre devait porter les armes,
mais à cause de la terre qu'ils possédaient, que bénéficiers
royaux et propriétaires fonciers étaient astreints à un service militaire spécial ; les titres de *miles*, combattant à
pied, et de *caballarius*, chevalier, dès lors synonymes, étaient
attachés à la possession d'un bénéfice royal ou d'un domaine

foncier. Le titre de *miles*, chevalier, deviendra un des plus honorifiques, ainsi qu'on peut s'en convaincre par la lecture des chartes, où sont qualifiés *domicellus* (diminutif de *dominus*), damoiseau, les seigneurs de moindre importance.

On comprend mieux maintenant notre définition de la féodalité : le gouvernement d'une aristocratie *terrienne* et *militaire*. On s'explique la confusion partielle des auteurs qui ont dit que la féodalité fut une institution militaire et agricole.

L'institution bénéficiaire atteint, aux x⁰ et xi⁰ siècles, le dernier terme de son évolution; le bénéfice, qui, de viager, est devenu héréditaire, est remplacé par le fief, primitivement cession de terre en toute propriété, sous la réserve du domaine direct, à charge de devoirs très étroits à rendre par le vassal à son suzerain, le service militaire en étant le principal. Nous ne voulons pas dire que le fief, remplaçant le bénéfice, en découle nécessairement: ces deux institutions, dont l'origine n'est peut-être pas la même, ont longtemps co-existé. Le fief procède simplement de la même idée que le bénéfice, mais plus étendue. Nous avons vu que la protection est à la base du système féodal. De ce caractère de la féodalité résultent, pour le suzerain et le vassal, des devoirs et des droits plus complets. C'est ainsi que, tandis que le bénéficiaire primitif n'était astreint qu'à certaines obligations, le vassal devient pour le suzerain *son homme*, comme il est dit dans les formules par lesquelles le premier rend foi et hommage au second.

Quelles étaient les obligations du service militaire, dû par les vassaux et les roturiers ?

Pour la noblesse, le service militaire comprenait d'une manière générale : 1° l'ost et la chevauchée (1) (*exercitus* et *cavalcata*), entraînant l'obligation de se rendre à l'armée du seigneur et de le suivre dans ses expéditions militaires ;

______

(1) *L'ost* pour défendre le pays contre un ennemi (*hostis*); la chevauchée pour guerroyer avec le seigneur hors de son domaine. Note de la page 152 du t. I du *Recueil des Ordonnances Royales*.

2° la reddition des châteaux (*castra jurabilia* et *reddibilia* (1) toutes les fois que le seigneur l'exigeait pour organiser la défense du fief ou par précaution contre un vassal dont il se méfiait ; 3° la garde du château seigneurial (*custodia*), l'estage.

Mais si le service militaire constituait une obligation générale, elle était loin d'être réglée uniformément. Chaque constitution de fief faisait l'objet d'un contrat particulier; de là souvent des conditions spéciales, au gré des parties. Le chevalier devait ordinairement pourvoir à ses dépenses ; mais cette disposition n'était pas toujours nettement spécifiée ; quelques-uns, tout en reconnaissant qu'ils devaient l'ost, ajoutaient qu'ils ne savaient pas si c'était à leurs dépens ou aux dépens du suzerain; d'autres affirmaient qu'ils devaient être payés, etc.

L'étendue du territoire, dans lequel le service était dû, n'était pas mieux fixée. Le vassal était, en général, obligé de suivre partout son suzerain, mais aux dépens de qui, s'il n'était tenu de le servir que dans le comté ou la seigneurie ? Autre matière à discussion.

Tandis que certains ne devaient l'ost et la chevauchée que quarante jours par an, aux frais du seigneur, tantôt seuls, tantôt avec une escorte de chevaliers, variant suivant l'importance du fief, d'autres (ceux qui étaient engagés par l'hommage lige) devaient l'ost à leurs frais aussi longtemps que durait la guerre. Enfin, il y avait des seigneurs qui n'étaient tenus qu'à l'estage.

Les vassaux religieux étaient, comme les vassaux laïcs, soumis aux obligations du service militaire. Quand ils ne les remplissaient point personnellement, ils se faisaient remplacer par des *vidames*.

La redevance corporelle, due par les roturiers, comprenait trois obligations : 1° défendre la terre du seigneur ou expédition (*expeditio*, *exercitus*); 2° suivre le seigneur à la guerre

______

(1) Non seulement parce que les vassaux devaient *jurer* qu'ils les livreraient, quand ils en seraient requis, mais encore parce que les vassaux ne les livraient à leurs seigneurs qu'après que ceux-ci avaient *fait serment* de les leur *rendre* et restituer en aussi bon état qu'ils avaient été livrés. (LAURIÈRE.)

hors de son domaine ou chevauchée (*equitatio, cavalcata*) ;
3° faire le guet (*excubiœ, wactœ, guaita, escarguaita*), c'est-
à-dire garder le château ou la ville.

Ces deux dernières redevances seront de bonne heure ra-
chetables à prix d'argent; la première ne le sera que plus
tard; viendra même le temps où, de facultatif, la royauté
rendra obligatoire pour les roturiers le rachat du service militaire.

De même, la noblesse, bien que le devoir primordial et
essentiel du vassal chevalier fût le service militaire, aura la
faculté d'en racheter les obligations.

De ce qui précède, il résulte que les guerres devaient
théoriquement coûter peu au Trésor. Les contingents étaient
en outre fort restreints et on connaît la lenteur des opérations des guerres de cette époque. On peut encore voir combien les dépenses se trouvaient réduites par les rachats ou
les amendes infligées aux nobles ou aux roturiers, qui, sans
motif sérieux, négligeaient de se rendre à l'armée royale.

Si le roi, dans l'ancien duché de France, entrait en guerre
avec un de ses vassaux directs, il pouvait, suivant la règle
des fiefs, requérir le service militaire de ses vassaux et
arrière-vassaux du duché. Mais il ne pouvait convoquer les
grands vassaux de la couronne. S'ils lui prêtaient secours,
c'était comme *alliés*. Le roi ne pouvait leur imposer le
service militaire que pour les guerres défensives, intéres-
sant la nation en général, et, sur ce point, ils prétendaient
être en droit d'examiner si la guerre était bien ou mal en-
treprise.

Après l'établissement des Normands à l'ouest de la France,
c'est-à-dire à partir de la seconde moitié du x° siècle, il
n'y aura pas de longtemps de guerre d'invasion et la paix
ne sera interrompue que par des luttes entre suzerains et
vassaux.

Mais, en dehors de cette circonstance, il pouvait se produire tel cas où le roi aurait cru pouvoir exiger le service militaire des grands feudataires, comme lorsque l'un
d'eux avait été condamné comme rebelle ou félon par la
Cour féodale. En principe, le roi devait citer ledit feudataire

devant cette Cour et, si ce dernier était condamné, le contraindre à l'obéissance, en marchant contre lui avec les pairs qui l'avaient jugé. En fait, les grands feudataires bravaient la juridiction féodale et rarement le roi lui-même usait de son droit. Les ducs de Normandie, surtout après être devenus rois d'Angleterre, furent plutôt les rivaux du roi de France que leur vassal et lui firent fréquemment la guerre. Le comte de Toulouse, d'ailleurs fort éloigné, gouvernait ses provinces comme un souverain indépendant régit ses États ; il en était de même du duc d'Aquitaine. Les puissants comtes de Bretagne, de Flandre et de Champagne, etc., etc., traitaient d'égal à égal avec les premiers Capétiens.

Jusqu'à la fin du xii° siècle, la situation des rois de France, comme chefs de l'armée nationale, fut donc des plus difficiles. La couronne était, comme l'a dit Guizot « un pouvoir *sui generis*, placé hors de la hiérarchie des pouvoirs féodaux, vraiment et purement politique, sans autre titre, sans autre mission que le gouvernement ».

L'origine de Hugues-Capet, élu par ses pairs, n'était pas de nature à relever le principe de l'autorité royale, vainement défendu par les derniers Carlovingiens. Les rapports de la royauté avec ses vassaux sont caractérisés par les messages échangés entre le chef de la dynastie capétienne et Adalbert de Périgord. « Qui t'a fait comte? » demande le premier au second, qui répond : « Qui t'a fait roi ? » et oppose un refus à l'injonction de Hugues-Capet d'avoir à abandonner les comtés de Tours et de Poitiers, dont il vient de s'emparer.

Hugues-Capet, sentant combien sa royauté était précaire, obtint, six mois après son avènement, des prélats et des seigneurs, assemblés à Orléans, que son fils aîné Robert lui fût associé et le fit couronner dans cette ville. Après Robert, on ne prendra guère plus l'avis de la noblesse. Mais les rois de France auront la précaution de faire sacrer de leur vivant l'héritier présomptif du trône. Louis VII sera le dernier prince ainsi associé à la couronne. La coutume, passée en loi après une possession de deux siècles, garantira le sceptre, dans la lignée des Capétiens, au plus proche héritier mâle, par les mâles, du roi décédé.

Robert le Pieux (996-1031) est non moins impuissant que son père à imposer son autorité à des vassaux, dont les états sont au moins aussi considérables que les siens. Henri Ier (1031-1060) a besoin, avons-nous dit, de l'appui du duc de Normandie pour garder sa couronne, dont sa mère Constance, aidée de quelques seigneurs, veut le déposséder. Le secours de quelques feudataires puissants lui est nécessaire pour réprimer plus tard la révolte de son frère Eudes, soutenu par le comte de Champagne et quelques autres seigneurs, partisans de la royauté élective. Philippe Ier (1060-1108) a les vices d'un prince oisif, brutal, besogneux et, comme les barons pillards de l'époque, détrousse les voyageurs.

Ainsi les quatre premiers Capétiens ne sont que les chefs nominaux de la France. La pénurie des ressources empêchera toute action royale et, pendant quatre règnes consécutifs, on ne s'apercevra guère du changement de dynastie. De 996 à 1108, à l'avènement de Louis VI le Gros, « le royaume de France n'a, à vrai dire, pas d'histoire », dit Guizot, dans l'*Histoire de France*, t. I, p. 289.

Au point de vue financier, le caractère principal de cette période est de ne point comporter de contribution générale, ou, si l'on veut, il n'y a point d'impôt public parce que la royauté n'a à faire face qu'à des dépenses d'ordre domestique.

L'impôt féodal sera profondément modifié par la révolution communale et par la réaction monarchique.

TABLE DES MATIERES

Paris. — Typ. A. Davy, 52, rue Madame. — Téléphone 704.19.

www.ingramcontent.com/pod-product-compliance
Ingram Content Group UK Ltd.
Pitfield, Milton Keynes, MK11 3LW, UK
UKHW020310130726
13696UKWH00003B/987